アジア太平洋における新たな韓日関係の未来図

政治と経済・経営・社会の観点から

金 泰旭・西田竜也 編著

浅羽祐樹・小倉紀蔵・金 相俊・栗原 潤・後藤純一・溜 和敏
張 富丞・鍋嶋 郁・箱田哲也・若林直樹・Kate Inyoung Yoo 著

博英社

「アジア太平洋における新たな韓日関係の未来図」の刊行にあたり

　関西韓日協力フォーラムのこれまでの活動成果を収めた「アジア太平洋における新たな韓日関係の未来図」が刊行されたことを心よりお祝い申し上げます。

　尹錫悦政府の発足以降、韓日関係は急速に正常化に至り、2023年にシャトル外交が再開されたことを皮切りに、安保、外交、経済、文化、人的交流など多方面での交流が深まっています。

　韓日両国は自由、人権、法治主義の普遍的な価値を共有し、安保・経済・グローバル課題において共同の利益を追求する未来志向的なパートナーとして協力を拡大するために努力しています。韓日関係の発展と協力拡大のためには、両国が共通して直面している問題を認識し、協力対策を共に模索していく学界の努力も非常に重要でございます。

　弊館は2023年3月から関西地域を中心として活動している研究者を対象に、韓日関係を分析し提言する政策諮問グループである「関西韓日協力フォーラム」を立ち上げ、フォーラム及び研究会など定期的な会合を通じて韓日関係に対する理解を深めることや両国間の協力を強化させる方案について議論してきました。

　2023年4月に行われた韓日関係フォーラム「アジア太平洋における韓日関係」をはじめ、同年10月には「アジア太平洋における新たな韓日関係の未来像」、今年の6月には韓日米3か国合同シンポジウム「政治、外交、経済の側面から見た韓日米3か国協力の状況と課題」が開催されました。

　本書は、政治、経済、経営、社会など様々な分野から韓国と日本を取り巻く状況を分析し、韓日関係の方向性と両国の協力対策を提示しています。これまでの関西韓日協力フォーラムの研究と学術行事を通じて、時宜を得た有意義な結果が出たと思います。

今後も関西韓日協力フォーラムが2025年韓日国交正常化60周年及び大阪・関西万博をきっかけとしてさらに跳躍する両国関係に貢献されることを願っております。

駐大阪大韓民國総領事館
総領事　金 亨駿

目次

政治分野　　　　　　　　　　　　　　　　　　　　　　　1

❀ 日韓・韓日モデルを考える ・・・ 葛藤と和合の文化・歴史・社会
　（小倉紀蔵）...2

❀ 日韓外交に依然として立ちはだかるリスク「過去」「ほぼトラ」……
　（箱田哲也）..21

❀「台頭する中国に直面して日韓協力で Pax Asia-Pacifica の実現へ」
　―中国の浮上と日韓の対応に基づいて―　　（栗原 潤）........................35

❀ 日米韓三か国関係―今後の展望と課題―　　（西田竜也）......................50

❀ 日韓協力の未来：第二の金・小渕宣言の為の課題　　（張 富丞）........67

❀ インドと日韓関係
　―インド太平洋とグローバル・サウスをめぐって―（溜 和敏）.......80

❀ 米国のインド太平洋戦略と日米韓 3 か国首脳会談　　（西田竜也）.....98

❀ インド太平洋時代における日韓関係へ　　（浅羽祐樹）.......................117

経済・経営・社会　　　　　　　　　　　　　　　　　　　147

❀ 不安定化する世界情勢の中の日本と韓国 ―地域間協定の役割―
　（鍋嶋 郁）...148

❊ 少子高齢化時代を生きる
　─国際労働経済学的視点によるアプローチ─　（後藤純一）..........168

❊ 半導体産業と CHIP4 の台頭について　（金 泰旭）...........................182

❊ 観光地競争力の観点から見た観光資源としての万博の効果
　─関西万博の意義と今後の釜山への示唆─　（若林直樹）..............203

❊ 観光業における日韓協力の新たな可能性についての検討
　（金 相俊）..221

❊ 日本の複合リゾート開業に伴う韓国観光産業の課題と対応戦略
　(Kate Inyoung Yoo) 239

政治分野

日韓・韓日モデルを考える
・・・葛藤と和合の文化・歴史・社会

京都大学
小倉紀蔵

第1節 はじめに

　本稿の前半部分（第5章まで）は、「関西韓日協力フォーラム第1回研究会」（2023年6月13日、於駐大阪大韓民国総領事館）において、「「日韓・韓日モデル」を考える・・・葛藤と和合の文化・歴史・社会」というテーマで筆者が報告した内容である。あらかじめおことわりしておくが、この研究会における報告は、筆者の既発表のものを整理した内容でよろしいという主催者の意向があった。主催者の承諾のもと、当該報告は以下の拙稿をもとに行ったため、その内容は未発表のものではなかった。

　・小倉紀蔵「21世紀を革新するための日韓哲学」、鞠重鎬編著『日韓関係のあるべき姿　垂直関係から水平関係へ』所収、明石書店、2022

　・小倉紀蔵「歴史認識と非認知的和解・・・戦後日韓関係に関する一解釈」梅森直之編『和解学叢書2 アポリアとしての和解と正義　歴史・理論・構想』所収、明石書店、2023

　・小倉紀蔵「歴史認識と非認知的和解」「2023東アジア国際シンポジウム」基調講演、東アジア総合研究所、2023年5月17日、於学士会館

　したがって、本章の第5章までの叙述もまた、右の拙稿と重複している。このこともまた、本書の編集者および「関西韓日協力フォーラム」の了解を得ている。読者のみなさんにはまずこのことをお伝えして、ご寛恕を乞う次第である。なお、本稿の第6章以降の叙述は、本書のためにあらたに稿を起こしたものである。

| 第2節 | 日韓関係をどう考えるか日韓関係をどう考えるか |

1. 日韓関係を肯定的に評価する

まず筆者の基本的な視座は、以下のようなものである。

戦後の日韓関係は、非生産的で消耗的な敵対関係だけではなかった。

実は、世界に誇るべき、「和解と繁栄と平和のための日韓・韓日モデル」とでもいうべき、非常に生産的な関係を営々と構築してきた。このことを、積極的に、ただしく認識して評価しなくてはならない。

現在の良好な文化関係もその一部分であるし、また、経済や民主主義などを含めた大きなフレームワークを、1965年以後の日韓はつくってきた。このことを肯定的に再評価してみる必要がある。

以上のような基本的視座を確認した上で、本論に入りたい。

かつて併合植民地支配をした側とされた側が、その関係の解消後に激しい摩擦と軋轢を繰り返しながらも、以前の非対称性を解消する努力のプロセスを通して、いまやきわめて対称的・対等に近い関係になった。戦後（解放後）のこの輝かしい関係性を、日韓両国は誇らなければならない。意味のない歴史として葬り去ろうとしてはならない。自らのふるまいの価値を知ることができない者に、未来は開けてこないだろう。

2. 和解と繁栄と平和のプロセス

日韓両国は、戦後（解放後）、「日韓・韓日モデル」ともいうべき和解と繁栄と平和のプロセスを築いてきた、というのが筆者の基本的な考えである。その詳細については後述するが、戦後の日韓関係というのは自己中心的で暴力的な二国間関係だったのではなく、互いに自制する高度に知的で創造的な二国間関係でありつづけた、というのが筆者の考えなのである。

これは、「戦後（解放後）の日韓関係のすべてに満足しよう」という話ではまったくない。日韓がこれまでに築き上げてきた関係性は理想的な

日韓・韓日モデルを考える … 葛藤と和合の文化・歴史・社会

ものではなく、互いに不満は鬱積しているのである。しかし、そのことをもって、日韓関係を否定的にのみとらえるのは、二国間関係というものを知らない者の認識であろう。領土問題や歴史問題だけでなく、外交・経済・文化の領域で数多くの激しい摩擦と対立を経験しながら、それでも決定的な紛争を回避しながら営々と関係を構築してきた。このことを正確に評価しなくてはならない。

第3節　「併合植民地」とはなにか

1. 暴力的になりえた日韓関係

　日韓関係は理想的であったことは一度もない。1998年の10月に一度、非常によい関係性を現出したことがあったが、長続きはしなかった。

　これは、当然のことなのである。なぜか。日韓はそもそも、対等な関係ではなく、戦前（解放前）は日本が韓国を支配したのだし、戦後（解放後）は日本が敗戦国として身動きを束縛されつづけているからである。

　日韓関係はほうっておけば良好になるようなものでは決してなく、なにもしなければ破綻と相互憎悪と暴力の関係に陥るはずのものであった。これがデフォルト（初期設定）なのである。良好な関係がデフォルトなのではない。そのデフォルトをなんらかのやり方でかろうじてマネージメントしてきたのが、戦後（解放後）の日韓関係の本質だったのである。

　だから、破綻と相互憎悪と暴力の関係に陥らなかったことそれ自体が、価値があり意味があることだったわけだ。その価値の実現のために、実に多数で多様なアクターが多方面で努力してきた。この現実を直視しなくてはならない。

　もちろん、日韓が互いに完全に主体的かつ積極的に日韓関係の構築をしてきたわけではない。つまり、米国の役割を過小評価することはできない。もし米国という存在がなければ、日韓は自制的であるよりももっと感情的になり、暴力的になっていた可能性もある。

だが冷戦構造と米国の介入という第三の力だけが重要な役割を果たしたわけではもちろんなかった。日韓は、互いの国益の追求や世論による制約という枠組みのなかで、必死のマネージメントをしてきたということを、過小評価してはならないのである。

　日韓の非対称性は、先に述べたように日本による韓国の支配という暴力に淵源している。しかし、戦後（解放後）になってからの関係性は、支配−被支配という単純なものではなくなった。

2.「併合」と「植民地」の合体

　それは、1910 年から 1945 年までの時期をどのように見るのか、ということをめぐって、日韓で著しい非対称性があらわれたことに起因している。つまり、「併合」だったのか、「植民地」だったのか、という見解の対立である。日本の右派や嫌韓派には「併合」を主張するひとが多い。この場合、「併合」という概念は「日本は朝鮮を併合することによって、朝鮮を日本と（ほぼ）同一視した。したがって、産業化や近代化を積極的に推進し、その結果朝鮮は発展した」という論を主張するために使われる。いわゆる「植民地近代化論」であるが、正確には「併合近代化論」といったほうがよいかもしれない。これに対して日本の左派や韓国側が「植民地」というとき、この語は「日本は朝鮮を強制的に占領し（強占）、支配して、徹底的に収奪して抑圧した」という文脈で使われる。いわゆる「植民地収奪論」である。

　日本でも戦後ずっと、「併合」派は多くはなく、「植民地」派が多かった。しかしこの十年ほどは、保守政治家や嫌韓派の勢力によって「併合」派が著しく増えている。

　筆者は、この時期の朝鮮を、「併合植民地」という概念によってあたらしく認識している。1910 年の韓国併合から 1945 年の解放までの期間は、単なる植民地だったのではなく、また単に併合したわけでもなく、「併合植民地期」だったのである。その間の朝鮮が「併合植民地」である。こ

5

日韓・韓日モデルを考える … 葛藤と和合の文化・歴史・社会

の二重的な性格（併合であり植民地でもある）を正確に理解しなければ
ならない。だが、それは困難なことである。

　この時期が植民地だったという観点から見れば、韓国が日本に不満を
抱かない理由はない。だが他方で、併合だったという観点から見れば、
日本が韓国に不満を抱かない理由はないのである。この両義性を、日韓
両国民はなかなか理解できない。たとえば韓国では、この時期に生きた
ひとびとを「親日派」とか「抗日の英雄」などとくっきりと色分けして
認識しているが、これは人間というものに対する誤解にもとづいている。
人間は主体と客体のグラデーションである。たとえば代表的な独立運動
家・仏教改革者・詩人であった韓龍雲は、抗日の英雄であったと同時に
抗中の親日派でもあった。この事実は、1970年代に編纂された彼の全集
を読めばすべて赤裸々にわかることである。つまり1970年代には、「人
間とはグラデーションである」という人間観が韓国で保持されていた。
しかし1990年代になって、「韓龍雲親日論争」がかまびすしく展開され
た。90年代には、人間観がきわめて平板になってしまったのである。

　歴史の重みとはなんだろうか。苦悩しながら歴史を生きたひとびとに
対する敬意が失われたとき、歴史を恣意的に解釈して人間を客体化する
「歴史あそび」が横行する。歴史を生きた人間、特に併合植民地という複
雑な関係性を生きた人間を、単純で平板なパースペクティブで理解する
ことは、その人間の尊厳を毀損しているといってよいのである。

第4節　「日韓・韓日モデル」とはなにか

1. 和解を成立させるプロセス

　このような複雑な困難性を抱えつつ、戦後（解放後）の日韓は、まが
りなりにも関係性を構築しつづけてきた。

　この関係性を筆者は、「日韓・韓日モデル」という名前で呼んでいる（単
純に「日韓モデル」でもよいが、その場合は、韓国側から呼ぶときは「日

6
政治分野

韓モデル」ではなく「韓日モデル」となる）[1]。機能面を強調していえば「植民地支配・被支配の事後処理にかかわる日韓・韓日モデル」とも呼べるし、また価値面を強調していうなら「和解と繁栄と平和のための日韓・韓日モデル」とも呼ぶことができる。

「日韓・韓日モデル」とは、次のことを指している[2]。

かつて植民地支配をした側と支配された側（独立後に主権国家となっている）とが、支配が終わった後に和解を成立させるプロセスとして、次のような取り組みをする。

① まずは経済や安全保障などの現実的な問題解決のために国交関係を結ぶ。

② このときに、歴史問題で事後に摩擦を引き起こさぬよう、個々のイシュー別にではなく、包括的に「すべて最終的に解決した」という文言を盛り込む。

③ 支配した側は支配された側に、多額の「経済協力金」を支払う。それだけでなく、相手国の経済的発展のために技術供与などを積極的に行う。当初は「経済的再従属化」などの批判が提起されるが、それを乗り越えて経済関係の水平化に向けて双方が努力する。

④ 歴史問題の個々のイシューについては、被支配国側の国内問題として

1　これに関しては「韓国日本学会　第 92 回国際学術大会」（2016 年 2 月 13 日、ソウル）の基調講演において正式に提言したし、そのあと、大西裕、樋口直人との共著書『嫌韓問題の解き方　ステレオタイプを排して韓国を考える』（朝日新聞出版、2016）でも発表した。前者のソウルの学会講演では大きな肯定的反応を得た。「こういうことを日本人にいってほしかったのだ」という反応もあった。また北朝鮮との関係という文脈では、藤原書店の季刊誌『環』の連載「北朝鮮とは何か」の第 7 回として、2014 年秋号（59 号）で詳説した。これはのちに『北朝鮮とは何か―思想的考察』（藤原書店、2015）に収録した。

2　この節の叙述に関しては、拙著『北朝鮮とは何か―思想的考察』（藤原書店、2015）でより詳細に論じている。より細部にわたる説明に関しては、前掲書を参照されたい。

個人補償などを行う。その原資として③の経済協力金が充てられる。

⑤ 右のような大枠を定めたのち、個々のイシューが出てきたときにはその都度誠実に対応する。賠償や個人補償に関しては、「国交正常化時点での請求権協定によってすべて解決済み」という相互の了解のもとに、新たな措置はしにくいが、それに準ずる措置を模索する。つまり相手からの要求をはねつけることはしない。歴代の政権はできるだけ誠意をもって個々のイシューに取り組みつづける。

2. たしかに欠陥だらけだった

　これが「日韓・韓日モデル」の基本的枠組みである。1965 年の日韓基本条約と請求権協定の枠組みによって構築されてきたモデルであるから、この「日韓・韓日モデル」はいわゆる「一九六五年体制」と表裏一体であるといってよい。

　このモデルは、たしかに韓国側から見れば、過去の暴力を日本がきちんと総括していないのだから、不十分で不満であるのは理解できる。しかし 1965 年の時点で併合植民地支配の責任を痛感し、それを謝罪して賠償するという行為は、日本だけでなくほかの支配側の国家でも、無理なことだっただろう。

　このモデルが不十分で不道徳だからといって、不当に過小評価することは間違いである。日韓はこの現実的な枠組みによって、まがりなりにも理解と信頼を築いてきたのだし、韓国は飛躍的な発展をすることができた。

　この「日韓・韓日モデル」は理想的ではなかった。むしろ欠陥だらけであったといってよいであろう。最大の欠陥は、旧支配者側による謝罪と反省の表明が欠如していたことである。韓国側はここに焦点を当てて憤懣を表現した。しかしこのモデルを無意味なものとして捨て去ることはできない。なぜなら日韓はこの土台の上で一歩ずつ前進してきたからである。その前進を過小評価してはならない。

8
政治分野

第5節　非認知的和解 … 開かれた関係性構築へのプロセス

1. 歴史認識をやりとりできたという肯定面

　戦後の日韓関係自体を、肯定的に反転させるための認識が必要である。歴史認識自体はたしかに暴力の応酬という性格を持つのだし、その暴力性は克服していかねばならないのだが、二国間が長いあいだそのように「認識の応酬」をする関係性を保つことができた、ということには、なんらかのプラスの意味を付与してもよいのだ。日韓は単に暴力の応酬のみをしてきたのではない。その応酬を相互にすることができる関係性を孜孜として構築してきたのである。

2. 暴力としての和解が重要なのか？

　ここに、和解という概念が主題として登場する。

　和解という行為は、それ自体が、ある意味で暴力である。それは、和解後の当事者の関係性を一義的に決定づけてしまう力を持っているからである。

　それならば、和解という拘束的な関係を強引に設定するよりは、関係の不決定性・不安定性を持続することのほうが重要だという考えもありうるはずだ。しかし逆に、そのようなあいまいな関係を持続させること自体が、暴力の持続だと考えることもできる。和解はあくまでも、傷つき苦しむ当事者の痛みを和らげるための措置であると考えるなら、その緩和措置をできるだけ迅速に遂行することこそ、なすべきことであると思われる。

　この相反する両極を、中庸させる方法論はないのか。すなわち、＜関係の一義的決定性・拘束性を脱しつつ、そのあいまいな関係性を和解とすることに合意する＞という道はないのか。

　あるはずだ、というのが筆者の考えである。

　そのためには、和解という概念自体を法的なものから脱皮させなくて

9

日韓・韓日モデルを考える … 葛藤と和合の文化・歴史・社会

はならない。法はあくまでも、関係の一義的決定を目指すための規定であるからである。

　むしろ関係する主体が、その関係性を構築する過程で互いにどのように成長したのか、ということを和解のメルクマールと考えることはできないだろうか。「成長」といっても、これは啓蒙的な考えなのではない。関係性の構築をとおして、人間として新たな価値を身につけ、その価値にもとづいて社会を新しく改革していくとき、それを「成長」といってよいと考える。つまり複数の主体が互いに、よりよい社会をつくっていく上で相手と関係することがなんらかの役割を果たしたのだったら、それをプラスに評価すべきではないのか、という考えである。

3. 非認知的和解（non-cognitive reconciliation）とは

　なんらかの不可逆的で拘束的な関係を設定することが和解だと考えてしまうと、根源的に異なる歴史認識を持つ二者間同士の和解はきわめて困難であると同時に、その和解の硬直性が逆にさらなる対立と抗争を生み出してしまう可能性が高い。和解や謝罪や賠償が、互いの成長にとってマイナスになる事態は、望ましいことであるとは考えにくい。

　このような認識上の対立を管理するためには、物理的暴力を停止させるための法的・制裁的措置とは異なる、いわば「非認知的和解（non-cognitivereconciliation）」とでもいうべきプロセスの推進が主要な課題となるべきだと考える。ここで「非認知的和解」の「非認知的（non-cognitive）」というのは、心理学などで使われる「非認知的能力（non-cognitiveability）」の「非認知的」とは異なる。心理学などでは、テストによって測定できない協調性・創造性・忍耐性・計画性などを「非認知的能力」と呼んでいるが、本章で「非認知的」というのは、条約・協定・合意・法などによって明文化されておらず、したがって明確な法的・物理的拘束力を持たないが、複数の主体あるいはエージェンシーが関係する過程で、その関係性をとおしてそれら主体あるいはエージェンシー

が人間としての、あるいは社会としての変化・成長を経験することをいう。したがって「非認知的和解」というのは、そのような関係性を破壊することなく構築しつづけること、あるいはそのプロセスである。変化・成長のための関係性の構築を継続することが重要なのであって、なんらかの法的・物理的拘束力によって関係性を不可逆的に確定させることが重要なのではない。別の言葉でいえば、複数の主体あるいはエージェンシーが、あいまいで複雑な関係性を変化させながらも継続させていく過程で、相互の変化・成長が構築されるならば、そのあいまいさや複雑性には、大きな意味があるのである。

4.「対等な日韓関係」へ

　和解、対等、尊厳という概念を、このように動態的に理解することこそ、日韓関係の歴史からわたしたちが学んできたことなのである。戦後の長い時間の流れのなかで、日韓両国のすべての国民が同時に対等性や尊厳を感じたことはおそらくなかった。しかし、あるときはある当事者が尊厳を感じ、また別のあるときには別の当事者が尊厳を感じ・・・というように、流動し変化しながら「日韓関係」は生成しつづけてきたのである。そのプロセスこそが非認知的和解そのものなのであって、究極の目的に到達していないから日韓関係は無意味だった、などと考えてはならないのである。

　具体的に対立・紛争を解決することだけが和解なのではない。対立や紛争の解決は「認知的和解」であるが、それだけを和解だと考えてしまうと、当事者の関係性が持つ多面的で動態的な性格を包摂できなくなってしまう。

　日韓は戦争や武力的紛争という手段を行使せずに、自己の不満や憤懣を主張しあってきたのであり、その主張の幅と深度は世界的に見ても意義深いレベルのものでありつづけた。併合植民地支配の実態研究や慰安婦問題などに関する両国の官民双方の具体的主張は、世界のほかの国や

地域ではまだ達していないレベルのものを維持しつづけている。日韓の国民はこのことに関して客観的かつ冷静に認識すべきだ。つまり、日韓は表面的には「悪い関係」にあるように見えるが、その実態は、互いの世界観や人間観などを成長させるという意味で相互性を持っているのである。世界の他の植民地支配／被支配の関係にあった国や地域の関係がいまだに著しい非対称性を維持しているのに比べるなら、日韓の相互性のレベルの高さは特筆すべきであると思われる。

　この関係性を筆者は、「日韓・韓日モデル」と呼んでいるのである。

第6節　文化交流の「日韓・韓日モデル」

1. 貴重な歴史的経験であるという認識

　以上が、2023年6月の「関西韓日協力フォーラム第1回研究会」で筆者が語った内容である。

　この「日韓・韓日モデル」という考え方には、反対意見も多く提起されるだろう。なによりも、日韓関係が深刻な対立と軋轢を繰り返してきた事実を表面的にのみ見るなら、この二国間関係を「モデル」と呼ぶことには躊躇が伴うかもしれない。

　しかし冷静になって考えるなら、戦後の日韓間の対立や軋轢は、かつて宗主国と併合植民地だった両国が水平で対等な関係を構築していく上で、きわめて貴重な軌跡だったのだと評価することも可能なのだ。このような努力を80年近くにわたって営々と築き上げてきた二国間関係が、世界のほかのどこにあるのか。このことを日韓両国民は直視し、誇ってよいのである。これまでの対立や軋轢に際して繰り広げられた議論の蓄積を、貴重な歴史遺産として認識し、記録しておく必要があるのである。

　この「日韓・韓日モデル」は、戦後（解放後）の日韓関係の総体を指す。そのなかから「よきもの」だけを抽出して「モデル」とするわけではない。「よい」「わるい」という価値を一旦抜きにして、蓄積した関係性全体を、貴重な歴史的経験として記憶し、参照するのである。

12
政治分野

したがってたとえば、日韓の文化交流という分野でいうなら、韓国の映画やドラマや歌が好きでそれをたのしむ日本人もまた、この「日韓・韓日モデル」の実践者ということができる。なにか特別に画期的なことや重要なことだけが「モデル」の素材になるのではない。日韓両国のすべての国民が日韓関係に関して実践した行為の総体が、「モデル」の素材なのである。

2. 文化交流の理念

　そのことを踏まえて、日韓文化交流に関して理念的に語られた文章を2つ、紹介しておこう。

　まず一つ目は、「第3期日韓・韓日文化交流会議」による提言書「創造的日韓・韓日関係を目指して―第3期日韓・韓日文化交流会議の提言―」の末尾部分である[3]。これは2012年5月17日に発表され、同年6月28日に玄葉光一郎外務大臣に手渡されたものである[4]。この提言書は文化交流会議の名前で出され、日韓両国の会議メンバーの総意のもとに作成された文書だが、この末尾部分には筆者の見解が大きく反映されている。文章自体は日韓双方のメンバーが書いたものだが、要所要所に筆者の文言が挿入されている。つまり全体の文責は文化交流会議にあるし、筆者個人の文章ではないが、ここに紹介することにする。

---

3 「第3期日韓・韓日文化交流会議」は2010年5月29日の日韓首脳会談（鳩山由紀夫総理、李明博大統領）で発足に合意し、同年から2012年まで活動した。日本側メンバーは以下のとおりである。委員長は川口清史（学校法人立命館総長・立命館大学長）。委員は有川節夫（九州大学総長）、市川森一（作家、脚本家）、小倉紀蔵（京都大学准教授）、川淵三郎（日本サッカー協会名誉会長）、木村典子（日韓舞台芸術コーディネーター）、倉本裕基（作曲家、ピアニスト）、小針進（静岡県立大学教授）、辻原登（作家、東海大学文学部教授）、寺脇研（映画評論家、京都造形芸術大学教授）、山村浩二（アニメーション作家、東京藝術大学教授）の10名。韓国側の委員長は鄭求宗（東西大学国際学部教授兼日本研究センター所長）で、委員は10名。

4 この文書は公益財団法人日韓文化交流基金のホームページで見ることができる。

日韓のコラボレーションを通した新しい文化パラダイムの創造と、世界への発信

　世界有数の「文化国家」である日本と韓国の両国民は、文化という概念に対して尊敬と誇りという感情を持っている。ただこれまでは、日本も韓国も自らの文化を「国家」という単位で享受し、世界に広めようとしてきた。その過程で、自らの文化の「純粋性」に過度に固執するという傾向もあった。特に日本と韓国は、地理的に近いにもかかわらず、残念ながら相手国の文化を積極的に受け入れようとする努力が足りなかった。

　しかし未来志向的な文化発展のためには、新しい道を模索すべきである。

　日本と韓国は歴史的に遠い過去から直接的・間接的な文化交流を通じて、お互いに肯定的な影響を与え合ってきたことも事実である。また近年、大衆文化を中心に活発に展開されているハイブリッド的な文化現象も、そのような肯定的な影響を現代に継承したものと考えられる。

　日本と韓国の両国は、このような傾向を真摯に受け止め、創造的な文化交流の新しい動力と考えるべきである。

　そして日本と韓国が互いのすばらしい文化を深いレベルで理解し、対等な関係でより接近し、さらにこれまでの世界にはなかった新しい文化をともに創造すべく、コラボレーションしていくべきである。

　またその発信により、長い間欧米中心だった文化の地図を塗り替え、東アジアを世界の文化の魅力あふれる中心地のひとつとするよう、努力していくべきである。

　21世紀は、日韓、ひいてはアジア全体の文化のグローバル化が必要な時であり、そのために、両国が緊密な協力体制を構築する必要がある。これを効率的に進めるために、日韓文化交流会議が果たすべき役割は今後も大きい。

　日韓文化交流会議は、第1期（1999年〜2002年）、第2期（2004年〜2007年）を経て、現在第3期が活動中である。

　この間、日韓の間で「文化」をめぐる状況が画期的に変わったということは、日韓両国民が周知の事実であろう。すなわち第2期の期間に日

本では韓流ブームが湧き起こり、また韓国においても日本文化は静かに定着するという大きな変化があった。

このことはきわめて高く評価されるべきである。特殊な歴史的関係を持った日韓両国が、文化をキイワードとして相互理解し、和解していく姿は感動的ですらあった。

しかしテレビドラマやK-POPが韓国文化のすべてではないし、漫画やアニメーションが日本文化のすべてではない。「韓流」や「日流」という言葉は両国のゆたかな文化の総体を示すものではない。日本文化も韓国文化も、その内容はきわめて多様であり、かつ深みと重みのあるものなのである。

だが残念ながら、文化産業による商品化だけでは、その全貌を理解することはできないのも事実である。日韓両国が相互の文化の神髄を理解するためには、やはり政府や公共的な部門の果たすべき役割も大きいのである。

また文化の交流が進めば進むほど、相手の異質なものに対する違和感が生じるということも起こる。文化を他者に強要することはしてはならない。ある文化に価値や意義があると感じ取ってもらうためには、文化の作り手や送り手の側に品格や慎みが要求されるであろう。

そのことを確認しながら、われわれは、日韓がその豊かな文化的遺産を引き継ぐだけでなく、世界における新しい文化パラダイムのリーダーとなることを、願っている。

それは単に独創的なだけでなく、真の平和を希求し、人類全体の幸福を増すための新しく強い哲学を持った文化パラダイムなのである。

この提言ではまだ、「日韓・韓日モデル」という言葉は使われていない。しかし日韓文化交流会議および筆者がここで語っているのは、まさに文化交流における「日韓・韓日モデル」の理念なのである。特に重要なのは、筆者が強調したかった「単に独創的なだけでなく、真の平和を希求し、人類全体の幸福を増すための新しく強い哲学を持った文化パラダイ

ム」という表現である。日韓の文化は、それほど大きな役割を世界のな
かで果たすことができるのだ、という自覚が必要である、という考えだ。
このような自覚を持って切磋琢磨するとき、旧宗主国と旧併合植民地と
いう抑圧・被抑圧の関係は、真に新しい次元の関係性に変化していくの
だといえるだろう。

▎3. 文化・人的交流のために

　この理念をさらに具体化したものが、「日韓文化・人的交流推進に向け
た有識者会合[5]」による提言「文化・人的交流のための「日韓モデル」の
推進を」[6]である。これは 2018 年 10 月 3 日に有識者会合が河野太郎外務
大臣に手渡したものであり、その後、康京和韓国外務部長官にも手渡さ
れた。

　この文書では、「日韓モデル」という言葉が使われている。筆者がこの
文言を積極的に導入した。ただしこの提言自体は有識者会合のメンバー
によって書かれた。特に近藤誠一座長（元文化庁長官）の強いリーダーシッ
プのもとに作成された文書である。したがって、以下の引用部分も筆者
の筆によるものではないことを明記しておく。

　「提言」ではまず以下のような「前提」が語られる。

　（前略）近代の歴史において、過去の一時期不幸な関係にあった二カ国
が、これほど密接な協力関係をつくり、対等なパートナーとして、とも
に繁栄していることは、世界でも例を見ない。両国間にこの実績に裏付
けられた自信と自覚が共有されることで、「未来志向」の取組は真の実効
性を持つことができる。50 年以上にわたって営々と築かれてきたこの関

5　有識者会合のメンバーは以下のとおり。座長は近藤誠一（近藤文化・外交研
　究所代表、元文化庁長官）。メンバーは黒田福美（俳優）、小倉紀蔵（京都大
　学教授）、小針進（静岡県立大学教授）、澤田克己（毎日新聞外信部長）、西野
　純也（慶應義塾大学教授）の 5 名。
6　提言の内容は、外務省のホームページで見ることができる。

係は、更なる成熟により、「日韓モデル」として後の世代に、そして世界に示すことが十分でき得るものである。

その上で、具体的な文化交流の提案に入る前に、まず「基本認識」が語られる。

基本認識

以上の前提をふまえ、今後の交流のさらなる発展を目指して日韓が共有すべき基本認識は、以下のようなものであると考える。

① 日韓関係は、いずれの国にとっても最も重要な二国間関係のひとつである。

② 日韓両国民が相互の信頼を深めることは、両国間に存在する諸問題の解決に資する土壌を提供するとともに、将来起こり得る政治・経済等の問題を未然に防ぎ、起こった場合もそれを合理的に処理することを可能にする。

③ 日韓間ではこれまで官民挙げて多くの文化交流等の施策がとられ、相当程度の成果を得た。新しい時代の流れの中で、従来の措置で有効なものを継続するとともに、時代に合ったイノベイティブな措置を考えることが必要である。

④ 日韓関係は、「今の日本」VS「今の韓国」という狭い関係ではなく、成長するアジアを牽引するパートナーであると共に、民主主義を軸とする 21 世紀の人類の文明の流れを共同でつくっていく友邦というプラスサムゲーム的視点でとらえるべきである。日韓両国の信頼に基づく協力のポテンシャルは大きい。これを逃してはならない。これこそが本報告でいう「日韓モデル」の根幹をなす考え方である。

⑤ グローバル化と IT 革命の進歩により、金融、情報、技術、人などが自由に国境を超える時代になり、（主権）国家がすべてを仕切る

時代ではない。こうした状況の下での政府の基本的役割は、国民の自由かつ能動的活動を最優先にしつつ、これまで日韓の民間（市民）や地域間（地方）レベルで築いてきた交流をさらに促進し、その障害となる要因を除去すべく、適切な政策的・制度的な後押しをすることであろう。ここでわれわれは、「政府の政治的及び経済的取極のみに基く平和は、世界の諸人民の、一致した、しかも永続する誠実な支持を確保できる平和ではない。よって平和は、失われないためには、人類の知的及び精神的連帯の上に築かなければならない」（和訳：文部科学省ホームページ）というユネスコ（国際連合教育科学文化機関）憲章前文の趣旨を改めて想起すべきである。

⑥ 他国に関する認識は、個々人の断片的知識・経験や地域・社会に引き継がれた記憶や言い伝え、報道の積み重ねによって形成されるものであり、必ずしも中立的・客観的なものではない。しかも報道や言い伝えはその性格上否定的な事象に偏りがちであり、それが相手国市民を無用に刺激し、否定的なステレオタイプ・イメージを強めるという悪循環を招きがちであることは歴史が示すところである。市民は相手を表現する上で否定的な「決まり文句」から距離を置き、常に主体的に、相手国市民を個人として（国民と言う集団としてではなく）知ろうと努力すべきである。仮に国同士の関係が悪化しても、相手国にいる知人の「個人の顔」をすぐに目に浮かべることができるなら、無用な反感は生まれないであろう。

⑦ 政府は国民の間にこのような努力がなされることを慫慂し、必要な支援をすべきである。

⑧ そのためには下記の如く多くの方法が考えられるが、とりわけ国民が相手国を訪問し、滞在して人々の暮らしを知り、その文化や風土を直に体験することが最も効果的である。

⑨ 日韓両国には相手国との関係改善を好ましく思わない「空気」や「権威」が存在すると言われることがある。それが時として相手市民に

対するポジティブな本音を表に出せず、批判的建前のみを強調する一因になっている。しかし仮にそのようなことがあったとしても、それは市民がより深い、積極的な相互理解を積み重ねることによって、必ずや乗り越えることができるであろう。国民間の相互認識の改善には時間を要し、また紆余曲折を経るものである。官民挙って粘り強く友好の種をまき続けることが重要である。

　以上の基本認識にのっとり、本有識者会合では、主として文化交流、観光・人的交流、食・スポーツ交流について議論を行った。以下の4分野について、今後両国政府が日韓協力を進めるに当たってもつべき方向性と、採るべき施策につき提言した。「1 文化交流における「日韓モデル」を推進する」「2 人的交流における「日韓モデル」を推進する」「3 観光における「日韓モデル」を推進する」「4 食文化・スポーツ交流の「日韓モデル」を推進する」。

　具体的な方策の提言内容に関しては、紙幅の関係上、ここで取り上げることはできない。21世紀の日韓関係において非常に重要な具体策が語られているので、関心のある方はぜひ日本外務省のホームページで確認していただきたい。

　「1 文化交流における「日韓モデル」を推進する」においては、「単に「相手を知る」だけでなく、「これからは日韓が力を合わせて新しい文化パラダイムを構築していくのだ」という姿勢を両国国民が持つべき段階に来ている」と語られているが、これは先に述べた2012年の提言書「創造的日韓・韓日関係を目指して―第3期日韓・韓日文化交流会議の提言―」とまったく同じ考え方である。

　本稿では文化交流における「日韓・韓日モデル」の事例を取り上げたが、筆者がほかに深く関わっている分野は歴史認識問題である。これに関しては本稿では深く論じることができなかったが、筆者はすでに数多くの論考や書籍を発表しているので、参照していただければ幸いである。

19

日韓・韓日モデルを考える … 葛藤と和合の文化・歴史・社会

参考文献

小倉紀蔵、「21 世紀を革新するための日韓哲学」、鞠重鎬編著『日韓関係のあるべき姿　垂直関係から水平関係へ』所収、明石書店、2022

小倉紀蔵、「歴史認識と非認知的和解・・・戦後日韓関係に関する一解釈」、梅森直之編『和解学叢書２アポリアとしての和解と正義　歴史・理論・構想』所収、明石書店、2023

小倉紀蔵、「歴史認識と非認知的和解」、「2023 東アジア国際シンポジウム」基調講演、東アジア総合研究所、2023 年 5 月 17 日、於学士会館

大西裕、樋口直人、小倉紀蔵、『嫌韓問題の解き方　ステレオタイプを排して韓国を考える』、朝日新聞出版、2016

藤原書店の季刊誌『環』の連載「北朝鮮とは何か」、第 7 回、2014 年秋号（59 号）

小倉紀蔵、『北朝鮮とは何か–思想的考察』、藤原書店、2015

「第 3 期日韓・韓日文化交流会議」関連文書–公益財団法人日韓文化交流基金のホームページ

日韓外交に依然として立ちはだかるリスク「過去」「ほぼトラ」……

朝日新聞
箱田哲也

第1節　はじめに

　日本と韓国の外交関係は、最大懸案だった徴用工問題が政治決着をみたことで、ひとつの大きな山を乗り越えた。就任からまだ1年も経たない韓国の尹錫悦政権は2023年3月6日、韓国大法院（最高裁）が日本の2企業（三菱重工業、日本製鉄）に命じた賠償分を、韓国政府傘下の「日帝強制動員被害者支援財団」に肩代わりさせることを盛り込んだ解決策を発表した。

　その後の1年間で日韓の関係は、外交を中心とする政府間のみならず、長くその解禁を待ち望んでいたかのように民間、すなわち経済をはじめとする各分野での協力や、市民の交流がせきを切ったように復調している。慰安婦、徴用工といった歴史問題に加え、日本政府が尹政権を高く評価し、またありがたく受け止めているのは、東京電力福島第一原発の「処理水」への対応である。この問題で尹政権が、日本政府の主張を事実上、受け入れてくれたことで、日本政府・与党内には「少なくとも尹大統領の任期中は日韓関係は心配ない」という楽観論さえ漂う。

　尹大統領と彼を支える外交安保チームが対日政策において揺るぎない信念を抱いているのは間違いない。他方、日韓の両政府はいずれも、内外に大きなリスクを抱えながら、上向いてきた関係を維持、発展させねばならないという難易度の高い外交を強いられていることもまた事実で

ある。そのリスクのひとつは、日韓の両政権の足元がぐらつく中で、韓国の司法から出続ける、政治決着の中身とは異なる歴史問題をめぐる判決である。さらに、2024年11月の米大統領選の結果次第では、強硬一辺倒で歩調を合わせてきた米韓、さらには日米韓の北朝鮮政策が大きく揺らぐ可能性がある。

　こうした現状を踏まえると、今後の日韓関係は、これまでに経験したことのない状況下で、新たな地平を切り開いていく必要に迫られる。

第2節　「パッケージ・ディール」後の急速な関係改善

　2023年9月、インドで開かれた主要20カ国・地域首脳会議（G20サミット）に出席した岸田首相と尹大統領は前月の米キャンプデービッドに続き、6回目となる首脳会談に臨んだ。岸田首相が笑顔で、「今年6回目ですね」と水を向けると、尹大統領は「年内10回を目指しましょう」と切り返した。このあと、2カ月後に米サンフランシスコで開かれたアジア太平洋経済協力会議（APEC）の首脳会議に両首脳が出席した際、7回目となる会談を実現させ、2023年の首脳会談は打ち止めとなった。韓国の尹徳敏・駐日大使は8カ月間に7度の首脳会談を重ねた結果を「ギネス級」と表現する。

　これらの改善ムードの大きな契機となったのが、徴用工問題の解決策の発表であることは論をまたない。尹大統領は、解決策を発表した後に起きるであろう厳しい批判を十分に覚悟した上で、大きな政治判断をした。大統領府の側近や交渉にあたってきた一部の外交省幹部を除くと、解決策の中身や発表時期に反対する意見が支配的だったが、それらを押し切った形での決断だった。

　一方、この解決策は何も韓国政府だけが考え出した政治的知恵ではない。2022年3月の大統領選で、薄氷ながら尹大統領が当選を決めた直後から日本政府と尹氏陣営の関係者、韓国外交省当局者らが水面下で接触

を重ね、同年5月の尹政権の発足以降も、解決策をめぐる踏み込んだ協議を続けて、その末にできあがった、いわば共同作品だった。

　最も困難であるテーマが徴用工問題だったことは当然として、解決策の発表後に控えるその他の問題の進展も含めた「パッケージ・ディール」だった。

　そのパッケージの中には、早期の尹大統領の米国訪問の前の日本訪問と、初の日韓首脳会談の実現が入っていた。2023年に入り、日韓の外務当局は徴用工問題の解決策づくりに向け、詰めの作業を急いでいたが、同時に尹大統領の来日に向けた準備も進めた。解決策の方は敏感な問題だけに、表現ぶりが消えては復活するといった細かなやりとりが続いた。それに比べ、日程調整の方はさほど複雑ではなく、解決策の発表の最終的な日時が固まる前に、先に尹大統領の来日が3月16、17の両日に決まるという奇妙な逆転現象が起きた。

　かたや解決策の発表は、いったん3月3日に固まりかけたが、再び韓国政府内で、一部の文言の調整が必要との声が上がり、正式発表は週明けの月曜日の3月6日に延期された。

　徴用工問題の政治決着がついた直後の首脳会談では、多くの項目で両首脳が意見を一致させた。首脳同士が形式にとらわれることなく互いの国を行き来する「シャトル外交」の復活もそのひとつだが、トップだけでなく、「政治・経済・文化など多岐にわたる分野で政府間の意思疎通を活性化していくこととし、具体的にはまずは日韓安全保障対話および日韓次官戦略対話を早期に再開すること」（日本政府側資料）で一致した。これを受け、実際に各レベルでの対話が次々に再開され、それらのほぼすべてが、文・前政権の停滞期を浮き彫りにさせる「5年以上ぶり」の実施となった。

　ただ、韓国国内では徴用工問題の解決策に対する評価は依然として低い。解決策の中身そのものに対し、韓国が譲歩しすぎたという批判に加え、日本側が何ら「呼応」措置を講じていないことへの反発も大きいの

が実情である。それらの状況を少しでも改善できないかと、日本政府も異例の選択をした。その舞台となったのは、2023年9月に国際会議が開かれたニューデリーだった。岸田首相はこの時の首脳会談で尹大統領に、2030年の国際博覧会（万博）の開催地に立候補していた韓国南部・釜山に投票することを直接伝えた。釜山市は本命視されるサウジアラビアのリヤドと競っていた。開催地は博覧会国際事務局（BIE）総会の秘密投票で決まる。これまで日本政府は投票する国に事前に伝えておらず、「釜山支持」の表明は極めて異例の伝達だった。

　そんな不文律を破ってまで岸田首相対応した背景には、徴用工問題のみならず、福島第一原発の「処理水」への尹政権の対応もあった。韓国社会で強い反発がでているにもかかわらず、尹政権は放出に理解を示し、厳しく批判する中国と対照的な反応をみせた。

　BIE総会での投票の結果、リヤドが圧勝したが、事前の意思伝達は日韓首脳の信頼関係を一層強めることになった。

第3節　「未来」をめぐる日韓対立

　2023年3月、徴用工問題の解決策の発表にあたり、韓国の朴振外相（当時）は次のように述べた。「政府は昨今の厳しい韓（朝鮮）半島および地域・国際情勢の中で自由民主主義、市場経済、法治、人権という普遍的価値を共有する最も近い隣人である日本とともに、韓日両国の共同利益と地域および世界の平和繁栄のために努めていけることを願っている」

　翌日には、尹大統領が閣議で「3・1節（植民地支配下での独立運動の記念日）の演説でも話したが、日本は過去の軍国主義侵略者から、今は私たちと普遍的価値を共有し、安保、経済、科学技術、グローバルな課題で協力するパートナーになった」と述べた。

　韓国側の発表当日、岸田首相も報道陣の前で「今回の韓国政府の措置は、日韓関係を健全な関係に戻すためのものとして評価している」と語っ

た。さらに特筆すべきは、バイデン米大統領が即座に反応し、「米国の最も緊密な同盟国である二つの国が、画期的で新しい、協力と連携の一章を開くことを示すものだ」と歓迎したことだ。

これらの動きに対し、韓国の原告の一部や支援団体は解決策に激しく反発した。韓国・聯合ニュースによると、最大野党「共に民主党」の李在明代表は、解決策は「対日降伏文書」だとし、「賠償案は日本にとっては最大の勝利であり、韓国にとっては最悪の屈辱、恥だ」「（尹政権は）親日売国政権と言われても返す言葉がない」と批判した。

野党をはじめとする左派の反発は、解決策の中身もさることながら、日米との安全保障上の関係強化が進み、南北対話がさらに遠のくという危機感の表れでもあった。それは外相、大統領ともに、日本との「普遍的価値の共有」をことさら強調した理由でもあった。二人の発言には、大きく二つの意味がこめられているとみるべきだろう。ひとつは日本との関係を長らく低迷させた文在寅・前政権の責任を問う姿勢であり、さらには北朝鮮、もっと言うと中国をも含めた全体主義国家との違いを明確にしたいとの考えである。

徴用工問題の解決策が発表される前から、その動きは顕著だった。

2022年11月にプノンペンで開かれた日米韓3カ国の首脳会談では、北朝鮮問題を含めた共同声明が出された。その中ではバイデン米大統領が、日韓への拡大抑止を強化するという米国のコミットメントは強まるのみだと再確認した。また3カ国は、北朝鮮から飛来するミサイルによる脅威を探知する能力を向上させるため、ミサイル警戒データをリアルタイムで共有する考えを明らかにした。

慰安婦問題や徴用工問題という歴史問題がこの間、日韓両政府が歩みを前に進めるための最大の支障になってきたことは事実である。だが実際には、過去の問題と同じぐらいに日韓外交、とりわけ安倍、文在寅両政権の対立を際立たせたのは、「未来」の問題でもあった。未来の問題とは、核・ミサイル開発をやめようとしない北朝鮮や台頭する中国の存在

を踏まえた上で、どんな東アジア地域を形成していくのか、そのためには日韓はいかなる協力をすべきなのかというイメージの共有である。

2017年まで核実験や弾道ミサイル発射を繰り返した北朝鮮は同年11月、超大型重量級の核弾頭装着が可能な「最強ミサイル」である「火星15」の発射を成功させ、これにより米本土全域を攻撃できるようになったとして、「ついに国の核武力の完成という歴史的大業、ロケット大国建設の偉業が実現した」（金正恩委員長）と明らかにした。

この後、金委員長は2018年元日の新年の辞で、翌2月に韓国・平昌で開幕する冬季五輪に北朝鮮代表団を送りこむ用意があるとし、そのために「北南（南北）当局が早急に会う可能性」にも触れた。南北関係の改善を最優先課題とする韓国の文政権からすると、ほかでもない提案であり、大いに沸き返った。その後、平昌五輪には金正恩氏の妹、金与正氏らが開幕式に参席し、史上初の歴史的なトランプ米大統領と金正恩氏による米朝首脳会談を実現させた。

安倍政権は、文政権主導で進むこれらの一連の流れを快く思わずに見つめていた。18年6月の米朝首脳会談の直前にあった日米首脳会談で、安倍氏がトランプ氏に対し、大幅な譲歩をしないよう重ねてくぎを刺していたことは、当時のボルトン米大統領補佐官（国家安全保障担当）の回顧録などでも明らかになっている。

文政権も日本からの冷たい視線を十分に認識していた。ことあるごとに北朝鮮との対話を阻もうとするかのような日本側の言動に強いいらだちを募らせ、やがて対日外交を軽視する姿勢を強めていった。そんな政権同士の対立と葛藤は、これまでたとえ外交関係が悪くとも、この分野の連携だけは盤石だと言われた安全保障の現場にまでおよび、同年12月には韓国海軍艦艇による海上自衛隊哨戒機への火器管制レーダー照射という事件にまで発展した。

安倍政権は翌19年7月、徴用工問題で具体的な解決策を出さない文政権への強い不信感から、経済報復として半導体生産に不可欠な素材を

含む輸出規制強化に乗り出す。これに対し、日本政府に大きな痛みを与えるカードに事欠く文政権は、日韓の安保協力の象徴ともいえる軍事情報包括保護協定（GSOMIA）の破棄を宣告し、歴史問題を経済、安保分野にまで広げる不毛な対抗合戦を繰り広げた。

　対中国外交をめぐっては、自由、民主主義、法の支配、市場経済といった「普遍的価値」の問題で日韓は対立した。北朝鮮を対話の席にとどめ置く必要性からも、文政権は中国に対して融和的な姿勢をとった。それを日本は、韓国は普遍的価値を守る側に立つべきだとの思いで見つめた。そのため、在韓米軍の高高度迎撃ミサイルシステム（THAAD）の配置をめぐり、韓国が中国に表明したといわれる、日米韓の軍事同盟化などをしないことなどを盛り込んだ「三つのノー」の原則についても、強い違和感を抱いた。

第4節　進化する日米韓の安全保障連携

　2019年2月にハノイで開催された米朝首脳会談が物別れに終わると、北朝鮮はしばらく危険な行動を自制した後、2021年1月の第8回朝鮮労働党大会では「国防科学発展及び兵器システム開発5カ年計画」（国防開発5カ年計画）が示されていたことが後に明らかになる。同計画の核心となるのは、超大型核弾頭の生産や核先制および報復打撃能力の高度化、水中および地上固体エンジン大陸間弾道ロケットの開発などであり、計画を着実に行動に移しているとみられている。

　朝鮮半島の緊張が高まる中、文政権に代わって尹政権が発足したことで、少なくとも日本政府からすると、北朝鮮や中国といかに向き合い、どんな東アジアを目指すのかという未来の部分に関する警戒感が徐々に薄れていった。尹政権は対北朝鮮政策の基本に「大胆な構想」を掲げる。北朝鮮の非核化の度合いに応じ、見返りとして経済支援を講じるとし、対話の門戸は常に開かれていると呼びかけるが、実際には北朝鮮の軍事

27

日韓外交に依然として立ちはだかるリスク　「過去」「ほぼトラ」……

行動に相応の対抗措置を加える徹底した強硬路線にほかならない。

　北朝鮮の金与正氏はすでに2022年8月18日付の談話で、「大胆な構想」について「絶対に相手にしないと明確にする」と述べた。他方、先述のプノンペンであった日米韓3カ国の首脳会談では、岸田、バイデン両氏が構想への支持を表明している。

　尹政権は原則主義を基本とする構想に基づき、北朝鮮からの軍事的行動に惜しみなく対抗措置を加えている。米軍の戦略爆撃機「B1B」が頻繁に朝鮮半島上空に派遣されるようになった。B1Bは地下深くにある施設への攻撃も可能で、防空体制が十分でない北朝鮮が最も嫌がるとも指摘される。また、尹政権発足以来、ほとんど切れ目のない米韓合同軍事演習を続ける。

　そんな中、北朝鮮をめぐる日米韓の安全保障上の連携が一層強化されたのが、2023年8月に米キャンプデービッドで開かれた3カ国の首脳会談である。三つの成果文書は、北朝鮮の完全な非核化に向けた団結があらためて確認したほか、核・ミサイル開発の資金源にもなっているとみられる北朝鮮の不正なサイバー活動に対する監視強化や共同軍事演習の実施など、盛りだくさんの内容となった。さらに日本政府が驚いたのは、韓国がこれまで以上に中国に対して厳しい態度を鮮明にしたことだった。中国の名指しこそ避けたものの、「台湾海峡の平和と安定の重要性を再確認」するなど、明らかに韓国の従来基準を上回る項目が含まれた。韓国外交当局の中国専門家らは「わが国の対中国政策はルビコン川を渡った」と述べ、中国側からの報復に警戒感を強めた。

　一方、尹政権は日本の安全保障政策に対しても、早くから寛容な姿勢をみせた。岸田政権は2022年の年末、「国家安全保障戦略（NSS）」「国家防衛戦略」（現・防衛計画の大綱）「防衛力整備計画」（現・中期防衛力整備計画）からなる安保関連3文書を一気に改定した。北朝鮮を「従前よりも一層重大かつ差し迫った脅威」、中国を「これまでにない最大の戦略的な挑戦」と認識し、改定の必要性に理解を求めた。敵のミサイル発射拠点な

どを攻撃する「敵基地攻撃能力（反撃能力）」の保有を明記したほか、安保関連経費は現在の国内総生産（GDP）の2％とすることを目指すとした。

　歴代の韓国政権は、日本の軍拡の動きに敏感で、慎重な態度をとってきた。だが尹大統領は2022年11月、ロイター通信とのインタビューで、防衛費の大幅な増額計画について「日本列島の頭上を北（朝鮮）のミサイルが飛んでいくのに、国防費を増額せずに放置することはできなかったのではないか」と理解を示した。現職大統領としては異例の踏み込んだ発言で、ここでもまた日本政府をも驚かせた。

第5節　政治決着しただけの「過去」

　日韓両政府間の安全保障上の連携は進む一方、政治決着をみた後も、韓国司法発の懸案は増え続けている。2023年末以降、徴用工訴訟で日本企業に賠償を命じる判決が相次いで確定したほか、慰安婦問題でも日本政府に賠償を命じる判決が出た。

　韓国政府の解決策はいわゆる「第三者弁済方式」であり、その核心は、判決で日本企業が命じられた賠償分を韓国政府の傘下の財団が肩代わりし、原告に支給金を支払うことである。これにより、すでに差し押さえられた日本企業の資産や知的財産権などが強制執行で現金化されることを防いだ。

　2018年の判決で勝訴した原告ら15人のうち11人が財団からの支給金を受け取った。残る4人は日本企業による賠償や謝罪を求めて受け取りを拒否。やむなく財団は、賠償金に相当する金額を裁判所に供託する手続きをとったが、韓国の各地の地裁がこの手続き自体を受理せず、韓国政府や財団としては想定外の厚い壁に直面している。

　その後も司法からの日韓外交に厳しい判決は続く。2023年12月から2024年1月にかけ、韓国大法院（最高裁）は9件の訴訟で日本企業に賠償を命じる判決を確定させた。新たに勝訴した原告は50人以上にのぼ

る。財団は粘り強く解決策の説明を進め、関係者によると「相当数の新たな原告が支給金を受け取る意思を示している」という。

　だが説得に応じる原告が増えればそれで良いという問題でもない。代わって懸念されるのは、財団の資金力の問題である。主に企業からの寄付によって財源を得ているが、現在は1965年の日韓国交正常化後に恩恵を受けた韓国の鉄鋼大手ポスコからの寄付が大半を占めている状態だ。財団の資料によると、2023年10月時点で寄付金の総額は約41億ウォン。2018年に勝訴し、支給金を受け取った原告11人の分だけでも、すでに約25億ウォンが使われた。勝訴判決を確定させた原告のほか、現在、下級審で継続している裁判もあり、財団の財政は深刻さを増している。

　改めて確認しておく必要があるのは、2023年3月に尹大統領の政治決断によってなされたのは、徴用工問題自体の根本的な解決ではなく、あくまでも政府間の政治決着にすぎなかったことである。日本政府は、韓国大法院の確定判決を、これまで築き上げてきた両国関係の土台を覆すと批判しつつも、行政府の長である韓国大統領に求めてきたのは、判決を受けた後の行政府としての対処だった。それはさらに言うと、すでに差し押さえられた日本企業の「現金化」という喫緊の課題をどう回避するか、という一点にしぼられた。韓国政府系の財団が、賠償分を肩代わりするという建て付けの解決策で、最大危機が当座は避けられたというだけのことだった。

　したがって、この政治決着を、より問題の根本的な解決につなげるには、両国の官民あげた不断の努力が必要不可欠である。日本政府は政治決着後、歴史問題ではない別の分野での対韓協力を推進しているが、それだけでは不十分で、このままでは再び、徴用工問題が外交懸案に浮上する可能性が高い。

　そんな現状をみすえ、尹政権から発せられるメッセージにも若干の変化が出始めた。韓国政府として公式に日本側の協力を求めることはしないが、日本の官民が自主的に財団への寄付などに積極関与してもらえた

ら、との期待が、常にあるためだ。それは韓国側では「日本の誠意ある呼応」という表現で語られる。2024年1月、韓国の趙兌烈外相は、徴用工問題の解決策が「現実の中ではほぼ唯一の方策」と改めて強調した上で、「日本の民間企業もともに船に乗る気持ちで、問題解決への努力に参加してくれることを期待する」と述べた。

また、当の尹大統領も、植民地支配下の朝鮮半島で最大の独立運動が起きた「三一節」の演説で「韓日両国が交流と協力を通じて信頼を積み重ねていき、歴史が残した困難な諸課題をともに解決していくならば、韓日関係のより明るい新しい未来を切り開いていくことができるでしょう」と語り、日本側の関与をやんわりと促した。

第6節　現実味帯びる「トランプリスク」

これまでみてきたように、尹政権は自由をはじめとする普遍的価値を重んじ、北朝鮮に対して徹底的に強硬な姿勢であたるため、日本政府との関係改善を含め、多くの資源を費やしてきた。だがそれらの努力が、霧散しかねないという危機感が漂い始めた。2024年11月の米大統領選で、トランプ前大統領が再び勝利することに伴う、いわゆる「トランプリスク」である。

2018年から2年連続で実現したトランプ氏と金正恩総書記による首脳会談は、ハノイでの会談が物別れに終わり、いったんは区切りがついた。だが、後任のバイデン米政権が北朝鮮問題に積極的な関与を試みないまま時は過ぎた。トランプ氏が復帰しても、必ず米朝対話が本格化するかどうかは見極めねばならないものの、北朝鮮としてはトランプ政権の方が何らかの可能性を見いだせると考えていることだろう。

それに備えた伏線ともいえる動きも見せ始めている。2023年秋以降に送ってきている日本に対する秋波である。とりわけ2024年1月に、能登半島地震への見舞いとして、金正恩氏の名で送られてきたメッセージ

は象徴的だった。北朝鮮の最高指導者が自ら、しかも日本の首相に「閣下」との敬称をつけて見舞い電を出したのは初めてのことだった。

さらに翌2月には金正恩氏の妹、金与正・朝鮮労働党中央委員会副部長が、日本に向けた談話を発表した。金与正氏は日本人拉致問題を「すでにすべて解決した」、北朝鮮の核・ミサイル問題を「朝日（日朝）問題と何の縁もない」と認定し、これらを日本政府が持ち出し続けてきたことで「両国関係が数十年にわたり、悪化の一途をたどる」ことになったと述べた。その上で「日本が我が方の正当防衛権に対して不当に食ってかかる悪習を振り払い、すでに解決した拉致問題を両国関係の展望の障害物としてすえることさえしなければ、両国が近づくことができない理由がなどないだろうし、首相が平壌を訪問する日が来ることもありうるだろう」と言い切った。

これら一連の北朝鮮の対日姿勢についての真意は不明だが、米国のトランプ政権発足に備え、米朝対話が本格化した際、その流れを日本に妨害させないための布石ではないか、との見方が表向きの解釈として広がっている。日朝対話が実際に軌道に乗るかどうかは依然として不確定要素が大きいが、これらの動きは日本に対してのみならず、対北強硬姿勢を加速させる尹政権にも向けられた強烈なメッセージであることも認識しておく必要があろう。

金与正氏の談話を受け、すぐに米国務省のジュン・パク副次官補は、日朝対話が実現すれば、これを支持するとの考えを報道陣に語った。韓国政府も公式に日朝の動きに反対する姿勢はみせないものの、警戒感は漂う。金正恩氏が2023年末、韓国に対して「もはや同族関係、同質関係ではない、敵対的な二つの国家の関係、戦争中にある二つの交戦国の関係」と明言する中、韓国メディアや野党勢力などからは、このままでは韓国だけが孤立しかねない、との指摘が出始めた。これらの動きをみると、北朝鮮が発する対日メッセージは、尹政権の命運がかかる2024年4月の韓国総選挙に向けた、新手の「北風」とみることもできるだろう。

仮にトランプ氏が次期大統領選で返り咲いた場合、どんな北朝鮮政策をとるかは現段階でわからない。米政治メディア「ポリティコ」は2023年12月、トランプ政権が復活すると、北朝鮮の核開発の凍結と経済制裁の緩和を取引し、核保有を事実上容認することを検討していると報じた。この報道に対し、トランプ氏はソーシャルメディアを通じて「虚偽の情報だ」と否定したが、同時に「正確なのは私が金正恩とうまくやっているということだけだ」とも付け加え、新たな米朝対話が幕開けする可能性をちらつかせた。

　南北融和を最重視した文在寅・前政権時には、米朝間をとりもち、シンガポール、ハノイと続くトップ会談を実現させた韓国政府ではあるが、トランプ政権との二国間外交では忘れがたい苦い経験がある。その象徴的なひとつが、在韓米軍の駐留経費負担をめぐる問題だ。2020年の韓国側の負担をめぐる協議で、当時のトランプ米政権は、従来の約5倍にあたる50億ドルを要求した。米国側の政権交代により、難を逃れた格好だが、復権となるとこの問題が再燃するのは避けられそうにない。

　在日米軍の駐留経費負担も同様で、当時の日本政府も頭を悩ませた。だが韓国は、より多くの増額を求められてきた。それは日米と米韓の同盟の性格の違いによるところが大きい。あくまでも朝鮮半島有事を想定した限定的な同盟は、トランプ氏の目には極めて片務的と映るようである。

　トランプ政権の復活に向けた準備も、韓国政府よりは日本政府が先行している。日本政府は、第1次トランプ政権時に一定の人脈を築いた外交当局者を主要ポストに配置しているほか、トランプ氏の側近が代表を務めるロビー会社と契約をするなど、着々と備えを急ぐ。

第7節　おわりに

　尹政権が重視する北朝鮮に対する強硬策が、米国、さらには日本との緊密な連携を前提に成立することはいうまでもない。仮に米国の政権交

日韓外交に依然として立ちはだかるリスク「過去」「ほぼトラ」……

代などによって、日米韓の歩調が乱れた場合、日韓の外交関係が安定を維持できる保証はない。

日韓両国にとって、2025年は特別な節目の1年となる。それは先述の「三一節」（2024年）で尹大統領も演説で触れた。「来年（2025年）の韓日（日韓）国交正常化60周年を機に、より生産的で建設的な両国関係へと一段階跳躍させていくことを期待します」

徴用工問題を政治決着させ、官民の交流を活発化させることに成功した岸田、尹両首脳の間に、多くの分野で関係改善の波を加速させ、そのときどきの国内政治にも影響を受けないほどの不可逆的な関係を作り上げたい、との思いは、日韓の政府当局者に共通している。他方、日韓には今後、ここまで見てきたような試練も待ち構える。その衝撃を少しでもやわらげるために欠かせないのは、それぞれが強く執着する主張に柔軟性をもつことだろう。日本政府は徴用工問題をはじめとする植民地支配下に起きた悲劇に目を背けず、韓国政府の解決策を後押しする努力を怠るべきではない。韓国は北朝鮮政策に「対話」という選択肢をしっかりと設け、硬軟織り交ぜた接近を追求すべきである。不都合な現実をも受け入れ、かたくなな姿勢を改めて、過去に例をみない激動を乗り切る。日韓関係を持続可能とするため、政治指導者に求められているのは、まさにそのことである。

「台頭する中国に直面して日韓協力で Pax Asia-Pacifica の実現へ」
―中国の浮上と日韓の対応に基づいて―

キヤノングローバル戦略研究所
栗原 潤

要約

　米中大国間競争の震源地に最も近く位置する日韓両国は、分岐化したグローバル化時代における "平和と繁栄の時代（the Age of Peace and Prosperity）" への回帰を目指し、正確な情報収集・分析を基に、対中戦略を協調・協力して策定し、日韓両国間の対立を自制的な形で可能な限り避けつつ、適時・適切に戦略を実施する必要に迫られている。

　本稿では、現在西側諸国で警戒心が高まりつつある中国の勢力拡大に直面して、地政学的・地経学的に最も近い立場の日韓両国が協力して Pax Asia-Pacifica 実現に向けた戦略に関して論じる。

　尚、本稿は 2023 年 4 月 22 日に大阪で開催されたシンポジウム―『アジア太平洋における日韓関係：政治経済の観点から』―に際して準備された原稿である。したがって刻々と変化する国際情勢の中で、2023 年 4 月以降に出現した事象及び発表された有識者の発言・文献資料は含まれていないことに留意して頂きたい。

　また、ここで Pax Asia-Pacifica という概念を、敢えて、また挑発的な形で提示している。これは従来の Pax Romana、Pax Britannica、そして Pax Americana が示したような覇権国による国際秩序を念頭に提示しているのではないことにも読者諸兄姉に留意して頂きたい。何故なら

ば、アジア太平洋地域の現況が、20世紀後半において成立していた米国主導の国際秩序に"ほころび"が発生しているものの、それに代替する形で中国が形成を試みようとしている国際秩序—Pax Sinica—が未だ明確な形で出現していない状況であるが故に、不安定・不確実な国際環境が当分続くためなのだ。こうした状況、所謂、"ブーカ（VUCA）"—可変性（volatility）、不確実性（uncertainty）、複雑性（complexity）、そして曖昧さ（ambiguity）—に満ち溢れた状況の中で、米中両国、そして近隣諸国のみならず欧州諸国等と対話と対峙を巧みに交えて対応するために、日米両国は新たな戦略を練る必要に迫られているのだ。このために、筆者は19世紀前半のナポレオン戦争後に形成された欧州での国際秩序—欧州協調（Concert of Europe）—を念頭にして、インド太平洋地域における部分集合（subset）的国際秩序をPax Asia-Pacificaと名付けて本稿で解説する。換言すればこれは関係主要国の協調による一つの国際秩序（a pax consortis）と考えれば良いであろう。

第1節　はじめに—Pax Asiana、Pax Asia-Pacificaに向けた日韓協調・協力の必要性

　筆者に与えられた課題は「中国の浮上と日韓の対応」である。これに対して筆者は「中国の国際的な政治経済勢力拡大に対する日韓両国の基本的姿勢を考える」という問題意識を念頭にして論じてみる。

　日韓両国の国民は、自らのため、そして両国民の次世代のため、次の問題を真剣に考えなくてはならない。その問題とは、"米中大国間競争（US-China Great Power Competition）"を背景として"分岐化したグローバル化（bifurcated globalization）"時代の長期化が予想されているが、「平和と繁栄を再び享受するため、日韓両国は如何なる戦略を共通した認識に基づき策定・実施することができるのか」という問題だ。

　勿論、日韓両国とも、米中と同等の政治経済的規模で"大国（a great power）"の地位と勢力を有するのであれば、上記戦略を"単独"かつ"独

自"に策定・実施することが可能である。もしそうであるならば、日韓両国間の協調・協力は不要かもしれない。しかし、残念ながら日韓両国は米中に比すれば"大国"の地位も勢力も有していない。例えば、経済規模を 2023 年現在の名目米ドルベースで見ると、米中日韓各国の GDP がそれぞれ 25 兆ドル、20 兆ドル、5 兆ドル、2 兆ドルである。また人口規模に関して、米中日韓各国はそれぞれ概ね 3.5 億人、14.5 億人、1.3 億人、0.5 億人である。

したがって日韓両国は、米中両大国の狭間にあり、しかも地政学的・地経学的に極めて近い関係を持つために、自らの戦略を程度の差こそあれ共同で策定・実施しなければならない。このため、米中、そしてその他の関係諸国と協調・協力して、平和と繁栄を、アジアを中心とした全地球的規模で回復させる戦略を策定・実施する必要に迫られているのである。

周知の通り、長年続いてきた"パクス・アメリカーナ (Pax Americana)"に陰りが見え始めている。そして中国が自国の経済発展を背景に世界政治勢力図を塗り変えつつある。しかも中国は、従来の米国主導の"国際秩序に従う国 (a status quo state)"である姿勢を放擲し、寧ろ"パクス・シニカ (Pax Sinica; 中华治世)"を念頭に、"グローバル安全保障イニシアティブ (Global Security Initiative (GSI)；全球安全倡议)"や"グローバル・サウス (Global South; 全球南方)"を唱えて自国主導による国際秩序を新たに確立しようと邁進しているのが現状である。

したがって日韓両国は、こうした地政学的地殻変動を正確に認識し、平和と繁栄を希求する国々と協調・協力して、"パクス・アジアーナ (Pax Asiana)"或いは"パクス・インド＝パシフィカ (Pax Indo-Pacifica)"の実現に努めなくてはならない。

上記の課題を考えるため、本稿では次の順で論じてゆきたい。先ず、グローバル時代におけるアジア太平洋問題に対する基本的認識を示し、次いで国際環境を認識する上で最重要問題である米中大国間競争の現状と将来展望を論じる。そして最後に日韓関係の課題と日韓協力の深化に向けた展望を述べることにする。

| 第2節 | グローバル時代におけるアジア太平洋問題 |

1. 分岐化したグローバル時代の東アジア問題

　情報通信技術（ICT）や交通運輸技術が、現代文明の推進役として間断なく進展することは誰の目にも明らかである。とは言え、現在の米中を中心とする政治的混乱が長期化するために、国際政治だけでなく国際経済社会が、政治的要因によって、技術進歩を十分活用することができずに分岐化したグローバル化が進展していくと予想される。

　地球規模でICTや交通運輸技術を十二分に活用するからこそ、人類の幸福がもたらされることを忘れてはならない。技術進歩の恩恵を人類社会全体に浸透させるためには、平和に支えられた国際的に調和のとれた政治経済社会制度が不可欠なのだ。

　米国シンクタンク Brookings Institution の中国専門家であるラシュ・ドッシ（Rush Doshi）が、近著の中で指摘した通り、米中対立で分岐化したグローバル時代は長期化する危険性が高い（Doshi, 2021）。もしそうであるならば、技術進歩も米中間で分岐化する危険性が生じ、全地球規模でみた経済的効率が低下する。そして国際貿易に関する現在のサプライ・チェーンも、巷間論じられている"デカップリング（decoupling)"を本格的に実施するならば、分岐化を起因とする再編で膨大なスイッチング・コストが付加的にかかると予想される。

　例えば商品貿易について見てみよう。国際通貨基金（International Monetary Fund（IMF））によると、2021年における日本の輸出全体に占める韓米中のシェアはそれぞれ6.9%、18.0%、21.6%。韓国の輸出全体に占める日米中のシェアはそれぞれ4.7%、14.9%、25.3%。米国の輸出全体に占める日韓中のシェアは4.3%、3.8%、8.6%。中国の輸出全体に占める日韓米のシェアは4.9%、4.5%、17.1%。日韓米中の4ヵ国が商品輸出だけでも分岐化が進展すれば、かなりのスイッチング・コストが生じることが容易に予想できるであろう。実際、近年の新型コロナ危機

や米中間大国間競争の影響で、サプライ・チェーンが大きく変化している。今のところ計量的な推計は極めて難しいものの、サプライ・チェーンに関するネットワーク分析を行った国際決済銀行（Bank for International Settlements（BIS））のエコノミストである邱晗氏らの分析が示唆的である（Qiu, 2023）。

　2021年の日本輸入全体における韓米中のシェアは4.2%、10.8%、24.1%。韓国輸入全体における日米中のシェアは8.9%、12.0%、22.5%。米国輸入全体における日韓中のシェアは4.8%、3.4%、17.8%。中国輸入全体の日韓米のシェアは7.7%、8.0%、6.8%だ。中国からの輸入に何らかの障壁が設定されれば、前述した通り、日韓米の輸入におけるサプライ・チェーンは大変革を余儀なくされるであろう。

　こうしたなか、英国 The Economist 誌は、2023年3月3日付記事で、中国を回避したアジアの代替的サプライ・チェーン（the alternative Asian supply chain）を略して "Altasia" と称した考えを提示している。

　こうして分岐化したグローバル化に向けた動きが本格化・長期化すれば、サプライ・チェーンという "モノ" の流れに限らず、"ヒト" "カネ" "情報" の流れまでが分岐化する。米中対立を起因とするスイッチング・コストは、両国の対立が無ければ、自然環境保護や経済格差等へ振り向けられる可能性の高い資源である。こうした状況を正確に認識して日韓両国は、協調・協力する対中戦略を策定・実施しなくてはならないのである。

　このデカップリングに伴う政治経済的なマイナス面を憂慮する人も数多くいることを忘れてはならない。"知中派" のケヴィン・ラッド（Kevin Rudd）元豪州首相やハーバード大学の優れた中国専門家であるアンソニー・セイチ（Anthony Saich）教授等は、巧みに管理調整されたデカップリングを "a 'managed decoupling'" と称して、対決姿勢を弱めることを提言している。

　以上のような困難な状況を正確に把握し、日韓両国は如何なる時であっても自らの国益を将来に亘って最大化する戦略を策定・実施しなくては

ならない。前述した通り、この長期的国益最大化戦略は日韓両国とも、単独・独自で実現することは不可能である。好むと好まざるとに関わらず、両国間での協調・協力が不可欠なのである。換言すれば、日韓両国は、分岐化したグローバル時代の東アジア問題を正確に分析し、密接に情報・意見交換した上で、協調的戦略を策定し、適時・適確にその戦略を実施するべき時期を迎えているのである。

2. 分岐化したグローバル時代のアジア太平洋問題

東アジア問題は、グローバル化の性質故に、多少の地理的障壁が残るにしても、"東アジア"という物理的距離に関連した制約から解き放たれる。したがって、日韓両国は分岐化したグローバル時代において、両国周辺の"東アジア"から"アジア太平洋"へと視野を拡げなくてはならない。

この戦略の策定・実施に関する想定領域の拡大は、日韓両国と近隣関係諸国との関係、すなわち、米中、更には北朝鮮や台湾との関係に限定されずに、領域外諸国との関係をも考慮する必要性を意味する。すなわち、東南アジア諸国、オーストラリア・ニュージーランドと太平洋島嶼国、更にはカナダや中南米諸国といった国との協調・協力をも戦略上考慮しなくてはならないのである。

既に多くの論者が見解を公表し、しかも紙面の制約上、本稿で詳述しないが、中国の政治経済的影響力が、アジア太平洋諸国に与える影響は計り知れない。南シナ海における領海問題で中国と対立するベトナムやフィリピン等、太平洋島嶼国に対する中国の影響を警戒するオーストラリア、国境で対立問題を未だ抱えるインド。中国の台頭に伴って、中国の周辺諸国は、対中戦略に関し安全保障と経済的利益とのトレードオフに頭を悩ませている。

加えて、超国家的機関での中国の地位向上、及びアジア太平洋域外における公開・非公開の中国による政治的活動に対する警戒感の高まりから、欧州諸国がアジア太平洋の動向に注意を今まで以上に払うようになってきている。

40
政治分野

このため日韓両国は世界のほとんどの国との関係を考慮しつつ、協調・協力的な対中戦略を練らねばならない。こうした事態は、日韓両国からの要請だけでなく、欧州を中心とする "圏外" 諸国からの要請でもあることに留意する必要がある。

これに関して、約20年前の2004年11月、ボストン大学で開催された或る国際会議での筆者の忘れ難い経験を紹介する。フランスの研究者が、「中国の台頭は予想されるが、現在、我々 "大西洋関係を重視する人々 (Atlanticists)" にとっては、未だ "レーダーの外に在る (out of our radar screen)"」と語った。筆者にとって驚きであると同時に当時幾分かは納得していた。

ところが、2023年2月11日、独 Die Zeit 誌は、独連邦憲法擁護庁 (Bundesamt für Verfassungsschutz (BfV)) 長官が、中国が欧州諸国に対して、スパイ行為を含む政治工作を実施している点に触れ、経済力を背景にして欧州に対し中国は自らの政治目的を達成しようとしていると警告したことを伝えている。

このように欧州域内では対中経済関係で最も恩恵を享受してきたドイツですら、中国に対する警戒心を高めてきたことを、日韓両国は注視する必要がある。しかもドイツの動きは決して特別でないことも留意すべきである。欧州の小国リトアニアは、安全保障と人権の問題を理由に中国に対する警戒心を高め、2021年末には北京の同国大使館を閉鎖している。

こうして対中戦略に関しては、"大西洋関係を重視する人々 (Atlanticists)" も "太平洋関係を重視する人々 (Pacificists)" との間で意識の差が既にほとんど無くなり、更には "インド洋関係を重視する人々" も前記の両者に加わろうとしているのである。

かくして、中国の国際的な政治経済的勢力拡大は、グローバリゼーションを分岐化させて、その変態的深化を促している。日韓両国は、この分岐化したグローバル時代の適切な戦略を、好むと好まざるとに関わらず、協調・協力して策定・実施する必要性を銘記しなくてはならない。

第3節　米中大国間競争の現状と将来展望

1. 米中対立の現状と将来展望

　日韓両国、否、世界全体にとって最重要の大国は、米国と中国である。その両国関係が友好から、今まさに厳しい対立へと移行しようとしている。そこで本稿では、中国の対外姿勢を捉える難しさを論じた上で、現状と将来展望を語ることにする。

(1) 中国の対外姿勢を捉えることの難しさ

　広大な国土と様々な階層に分かれた数多くの人々を擁する中国の政治経済社会を理解することは非常に難しい。対外関係一つをとっても、共産党、中国政府、そして一般国民の動きは、我々の目には流動的かつ不透明に映っている。

　カリフォルニア大学サンディエゴ校の優れた中国専門家であるスーザン・シャーク（Susan Shirk）教授は、近著の中で習近平の対外姿勢に対して洞察力に鋭さが欠けていたことを自省して述べている。すなわち、「習近平の政治的リスク選好度を見誤った」、と（*Overreach: How China Derailed Its Peaceful Rise, 2022*）。卓越した見識を持つ彼女ですら見誤る程、中国政治を中長期的に洞察することは極めて難しいのである。これを十分認識した上で、中国情勢を慎重に観察する必要がある。

　日韓両国は、内外に関わらず、確かな手掛かりを与えてくれる専門家との情報・意見交換が不可欠となる。例えば、プリンストン大学の優れた国際政治学者アーロン・フリードバーグ（Aron Friedberg）教授の近著が興味深い見解を展開している。教授は、米国がこれまで中国の真相を見誤ったと述べている。すなわち、中国が経済発展すれば、あたかも自律的に民主化し、価値観を米国と共有して協調関係を築くことができるという米国の想定は、中国の真相を理解していないことの証左であり、それが故に過去の米国の対中政策は失敗に帰したと述べている

42
政治分野

(Friedberg, 2022)。

　翻って習近平政権は2021年12月4日、《中国的民主》という表題の白書を発表し、中国には独自の民主主義が存在していることを公表している。勿論、これに対して米国をはじめ西側諸国が文字通りに受け取る訳がないのは当然のことであろう。

　話は昔に遡るが、清朝末期に活躍した思想家の梁啓超は、亡命中の20世紀初頭にサンフランシスコの中華人街を訪れた時に、興味深い文章を綴っている（《飲冰室合集》1932）。それによると、彼は「中国人民にとって（西欧的）民主主義を受け入れるのには未だ準備ができていない」と記している。いずれにせよ、"民主主義"概念に関して米中間にある認識の差は永い期間に亘って存在すると考えてよいであろう。

(2) 米中大国間競争の将来展望

　米中大国間競争の将来は限りない不確実性に満ち溢れている。したがって前述した通り、内外の優れた専門家の多角的な意見を常時比較検討しつつ、意思決定を行うことが政策決定者に要求されることとなろう。

　先に触れたフリードバーグ教授は、習近平をはじめとする共産党指導部が"レーニン主義者（Leninist）"であり、党が国家と軍隊を支配し、党・国家・軍が社会を支配する考えに基づく国家運営を行っていると語る。そして現在の中国の国家運営の指針として、教授はレーニンが1917年に語った言葉を引用した──「銃剣を持って探れ、それが鋼鉄に触れたら、そこで止まるのだ（Проверь штыком; если почувствуешь сталь, то остановись）」。その上で教授は、「中国は自らの銃剣に未だ国際環境において鋼鉄（сталь）に当たっていないと感じているようだ」と述べている。すなわち、外国の抵抗は未だ弱いと中国側は判断していると、教授は述べているのだ。

　習近平政権下の中国が、フリードバーグ教授が示唆する通り、レーニン主義的対外政策を採る場合には、将来に亘り現行の断定的・強制的な

手段で諸外国に対応すると想定される。中国は現在「世界一流の軍隊」の実現を目指し、人工知能（AI）等の最先端技術を導入し、また巨額の国防費を注ぎ込んで、人民解放軍（People's Liberation Army（PLA））の近代化・強大化に注力している。これに対し、日米をはじめ近隣諸国が警戒感を高めていることは周知の事実である。2023年3月5日に発表された国防費の予算額も増勢が続くことを示している。

とは言え、当然のこととして、喧伝されている近代化・強大化と実際の軍事力を、額面通りに受け取り、過剰反応することも米国のみならず日韓両国にとっても危険である。

これに関し、例えば英国国際戦略研究所（International Institute for Strategic Studies（IISS））が、昨年12月に発表した資料によると、幾つかのPLAが抱える未だ解消されぬ内在的課題を抱えていることが理解できる（IISS, 2022）。

中国は現在、停滞する人口とその高齢化、それに伴う成長減速という問題に直面している。そうした中であっても、"パクス・シニカ（Pax Sinica; 中华治世）"を標榜し、自国主導による国際秩序を確立することこそ、「国辱を雪（そそ）ぐこと（wiping out of national humiliation; 雪国耻）」であり、それが"中国の夢（the China dream; 中国梦）"としている。この"夢"に向かって習近平政権は現在あらゆる資源を使って邁進している。こうした中、現在の習近平政権の最終目標は"世界制覇（world domination; 统治世界）"であると、米国のシンクタンクProject 2049 Instituteのイアン・イーストン（Ian Easton）は、近著の中で警告している（Easton, 2022）。

以上の考察を踏まえ、我々は米中大国間競争を、優れた専門家と共に客観的資料に基づき、過剰反応を控えつつ、決して油断をせずに常に多角的視点から観察作業を続ける必要がある。そして我々の方で高い透明性を示しつつ、中国側にも透明性を要求し、関係各国の国民全体を啓蒙する時を迎えていると言えよう。

2. 将来展望：台湾問題

　言うまでもなく現在の米中大国間競争の中で最大の課題は台湾問題である。この問題に関し、如何なる緊張関係の段階的緩和（de-escalation）が可能であるのか、現時点で妙案は見当たらない。前述したフリードバーグ教授の教えに従えば、日韓米が共同して、台湾問題に関して"鋼鉄（сталь）"の姿勢を持たなくてはならない、ということになろう。

　2023年2月にまとめられた米国政府の資料は、米国を取り巻く国際環境で最も危険視すべき国として中国を論じている（"Annual Threat Assessment of the U.S. Intelligence Community"）。その中で、台湾問題を大きく取り上げ、「もし中国が台湾の支配に成功すれば、半導体のグローバル・サプライ・チェーンを含む広範囲にわたる影響をもたらす」と記している。しかも台湾企業が製造する半導体が世界最先端であるが故に、中国は"米国の技術競争力に最も脅威を与える国（the top threat to U.S. technological competitiveness）"であると論じている。

　ここで留意しなくてはならないのは、我々が採るべき"鋼鉄（сталь）"の姿勢とは、中国に冷静さを取り戻させ、偽情報等の情報戦を含めた過激な陽動行為を静止させるためのものである点だ。もし、日韓米が中国側を緊張させ、戦意を煽る形で"鋼鉄（сталь）"の姿勢を示せば、逆に危険性が高まるのだ。すなわち、中国の指導者がたとえ冷静になって思い留まろうと試みても、中国国民の声に後押しされる形で、軍隊の一派が"先走り"して偶発的な軍事的衝突を起こしかねない危険性を抱えている点を留意すべきである。

　習近平政権は国際的地位と経済的繁栄に関して、中国国民に"高い"目標を約束している。そして今、ややもすれば国力の増勢が絶頂期を過ぎた時期が到来する危険に直面している。このために目標に到達しない確率と国民の不満が同時に高まるという危険性が併存する瞬間が来るかもしれない。したがって、国民に不安と不満が高まった時、中国共産党首脳部が"屈辱的後退（a humiliating descent）"よりも"確率の低い勝利に

向かって突進すること（a low-probability lunge for victory）"を選択する危険性を、ジョンズ・ホプキンス大学のハル・ブランズ（Hal Brands）教授とタフツ大学のマイケル・ベックリー（Michael Beckley）准教授が近著の中で指摘している。筆者は、歴史の教訓として1941年12月、国際情勢を冷静に観察せず、国内情勢のみに振り回され、大日本帝国が"ジリ貧"を避けて"清水の舞台から飛び降りる"心境で対米開戦したような危険に中国が将来直面しないことを、2人の著者と同様に願っている（Brands and Beckley, 2022,）。

第4節　日韓関係の課題と日韓協力の深化に向けた展望

　以上、日韓両国が分岐化したグローバル時代の中で国際的対応を迫られていること、次いで米中大国間競争が不透明かつ重大な危険性を持ち、しかもこの大国間競争が、台湾問題が示す通り、地政学的・地経学的に日韓両国に極めて近い位置に在ることを述べてきた。

　分岐化したグローバル時代において、米中関係も、日韓関係同様にグローバルな形で数多くの国と複雑な関係を築きあげている。直ちに思いつくのが、現在の中露関係だ。欧州でのロシア・ウクライナ戦争が、台湾危機の導線となりかねない危険性も潜んでいるのが現在の状態なのである。

　冒頭で述べた如く、日韓両国共に米中両国に対し単独・独自に緊張関係の"段階的緩和(de-escalation)"を促すことはほとんど不可能である。歴史が示す通り、大国間の緊張を、相対的に規模の小さい国が"交渉役(negotiator)"として、両大国の譲歩を導き出すことは極めて困難である。これに関して1970年代末期から1980年代初期に生じた米ソ対立に関し、緊張緩和に貢献した西ドイツの経験は参考になるのでここで簡単に述べてみたい。

　1976年3月、ソ連がミサイル（SS-20 Saber; РСД-10 «Пионер»）を配備し始めると、NATOは警戒感を高め、米ソ対立が極めて危険な状態となった。こうした中、緊張緩和に貢献したのがヘルムート・シュミッ

ト (Helmut Schmidt) 西独首相である。首相は次のように述べたという。「超大国である米ソ両国のみが"交渉 (negotiate)"ができ、西ドイツが"交渉役 (negotiator)"を果たすことはできない。しかも西ドイツは米国の同盟国だ。したがって、我々ができることは、"三角関係を操作する二重の通訳者 (double interpreter; Doppeldolmetscher)"である」。

シュミット首相は、米国側にソ連側の考えを慎重に"翻訳"して伝え、ソ連側には米国側の考えを丁寧に"翻訳"して伝えることによって、緊張関係の段階的緩和に貢献したのである。

日韓両国は、米中両国の対外姿勢と国力を正確に理解して、如何なる形で"三角関係を操作する二重の通訳者 (double interpreter)"に両国が共同してなることができるか、を考えるべきなのである。

そのためには、第一に、両国が前述したような米中両国の対外姿勢（外交政策、政治体制、国内世論等）を精査し、加えて国力（軍事力、経済力、技術力等）に関して、情報収集に努めることが必要となってくる。換言すれば、『孫子』が教える如く、「彼を知り己を知れば百戦殆うからず（당신이 적을 알고 자신을 알면 백번 전투를 해도두려워할 필요가)」であることを、今こそ日韓両国は銘記すべきである。

第二には、日韓両国間の"団結心 (esprit de corps)"を強める努力を怠らないことである。日韓両国は、米中大国間競争という地政学的地殻変動の"震源地 (epicenter)"に最も近いことを認識しなくてはならない。すなわち、日韓の"仲間割れ"こそ、最も危険視する事態なのである。

勿論、両国間に永年横たわる対立事項が存在していることは認識している。しかし、上記の地政学的危機に直面して、現在の国際関係を巨視的に概観すれば、今は"仲間割れ"をしている暇は無い。"パクス・アジアーナ (Pax Asiana)"或いは"パクス・インド＝パシフィカ (Pax Indo-Pacifica)"の実現という崇高なる理想に向かって、日韓両国は協調・協力がどうしても必要であることを銘記し、自制心を秘めつつ意見交換と共同行動を行うべきである。したがって"仲間割れ"防止に関する"暫定的な同意 (modus vivendi)"を広く国民に対して啓蒙する必要があろう。

第5節　結語

　2021年、欧州外交評議会（European Council on Foreign Relations (ECFR)）の創設者で、世界経済フォーラム（World Economic Forum (WEF)）でグローバル・アジェンダに関して積極的に発言してきたマーク・レオナード（Mark Leonard）は、著書（*The Age of Unpeace*）を発表した。彼は、人類が地球環境、経済格差、人権保護等の全地球的課題と格闘すべき時期を迎えている時に、国際政治上の対立から上記の最重要事項が棚上げされ、陸海空に加えてサイバー空間や宇宙空間において、主要国間の対立が重要課題となっている点に警鐘を鳴らしている。

　日韓両国は、米中両国、更には東南アジア諸国と共に、人口の高齢化という厳しい問題を抱えている。高齢化が各国の経済社会的問題として大きく取り上げられることは必至である。したがって、日韓両国は、米中同様互いに争うのではなく、高齢化問題で、AIや高性能の半導体を組み込んだ自立支援・介護ロボットの開発や最先端バイオテクノロジーを利用した認知症予防薬の開発等、人類共通の課題に対して共に協調・協力しなくてはならないのである。

　以上、論じてきた通り、日韓両国は、複雑な国際情勢を正確に理解し、自らの国益を念頭に適時・適確な意思決定を行うための協調・協力の戦略が求められている。それは、レオナードの著書の表題である"the Age of Unpeace"が、"the Age of Peace"、しかも"the Age of Prosperity"に変わったAsia或いはAsia-Pacificに到来するような戦略であるのだ。

参考文献

Brands, H. and M. Beckley (2022), *Danger zone: The coming conflict with China*, New York: W. W. Norton

Doshi, R. (2021), *The Long Game: China's Grand Strategy to Displace American Order*, New York: Oxford University Press.

Easton, I. (2022), *The Final Struggle: Inside China's Global Strategy*, Manchester: Eastbridige Books.

Friedberg, A. (2022), *Getting China Wrong*, Cambridge: Polity.

International Institute for Strategic Studies (IISS) (2022), "China's Military Modernisation: Will the People's Liberation Army Complete Its Reform?" *Strategic survey 2022: The annual assessment of geopolitics*, London.

Qiu, Han et al. (2023), "Mapping the Alignment of Global Value Chains," BIS Bulletin No. 78, Basel.

日米韓三か国関係―今後の展望と課題―

東海大学
西田竜也

第1節　はじめに

　2022年12月16日、岸田政権は「国家安全保障戦略」、「国家防衛戦略」、「防衛力整備計画」のいわゆる安保3文書の改訂を閣議決定した。その内容は多岐にわたるが、特に注目されたのは、防衛力の抜本的強化のために、今後5年間で43兆円の防衛力整備計画を実施し、2027年度には、国内総生産（GDP）の2パーセントの防衛予算を確保すること、そして、自衛隊が反撃能力を保有することであり、日本の「防衛政策の大転換」もしくは「安全保障政策の大転換」と評された（「防衛政策の大転換、国民への説明は後回し　将来に禍根残しかねず」『朝日新聞』2022年12月16日；「安保政策を大転換、岸田首相「抑止力となる反撃能力は今後不可欠」」『読売新聞』2022年12月16日）。確かにこうした動きは、これまでの日本の安全保障政策とは一線を画すものであるが、岸田政権で突然始まったわけではない。むしろ、2012年末に政権に就き、2020年9月に健康上の理由から退陣するまで、7年8か月あまり続いた安倍政権の時代から、日本の外交防衛政策の転換は始まったと考える方が適切である。なぜなら、安倍政権においてはこれまでタブー視されてきた集団的自衛権に関する憲法解釈を変更したのみならず、安全保障に関する政策を明確に主張することにはこれまでどちらかと言えば消極的であった日本が、自由で開かれたインド太平洋構想という日本を取り巻く国際安全保障環境にも関わる構想を主体的に打ち出したからである。

50
政治分野

本稿では、これからの日韓関係を考える際の一助となるよう、安倍首相以降の日本の外交政策を振り返りつつ、「①安倍首相以降の日本の外交政策は、それ以前の日本外交と何が違うのか、そしてそのような変化はなぜもたらされたのか」、「②日本の外交政策において、韓国との関係が占める位置づけや重要性にはどのような変化が見られるのか」そして、「③日本、韓国、アメリカから成る三国間の協力関係は日本にとってどの程度重要であるのか、過去と比べてその重要性に変化はみられるのか」といった３つの問いに答える形で、日韓関係の現状と展望を考える。

　① 安倍首相以降の日本の外交政策は、それ以前の日本外交と何が違う
　　のか、そしてそのような変化はなぜもたらされたのか。

　この問いに対しては、誤解を恐れずに簡潔に答えるとすれば、安倍首相以降の日本の外交政策がそれ以前の外交政策と違う点は主に３つある。日本を取り巻く国際環境の変化、日本国内の世論の変化、そして、安倍政権以降の安全保障政策の変化の３つである。

第2節　日本を取り巻く国際環境の変化

　日本を取り巻く国際安全保障環境は、この20年で大きく変化した。具体的には、第１節の中国の経済力および軍事力の伸長、第２節の北朝鮮の核およびミサイル開発、第３節の東シナ海および南シナ海における中国の海洋進出、第４節のウクライナ戦争と同戦争がもたらす東アジアへの影響の４つである[1]。以下、簡潔に分析を述べる。

---

[1] 2023年10月以降、パレスチナとイスラエルが戦闘状態に入ったことで、中東情勢がインド太平洋地域の安全保障に対する影響も懸念されるが、本稿の原案は同戦闘が始まる以前に書かれ、かつ紙面の制約もあり触れることは控えることとした。

1. 中国の経済力及び軍事力の伸長

　中国の経済力と軍事力は、一時期の二けた成長のような勢いは見られないものの、引き続き高い成長率を維持している。中国の 2022 年の実質国内総生産（GDP、2021 年を基準）は、約 16.3 兆ドルであり、日本（22 年の実質 GDP は約 4.53 兆ドル）の 4 倍弱、そして、米国（22 年の実質 GDP は約 20.93 兆ドル）の 4 分の 3 を超える水準に達した。また、中国の GDP 成長率は、21 年には 8.1%、22 年には 3.0% であり、日本（21 年は 1.7%、22 年は 1.0%）や米国（21 年は 5.9%、22 年は 1.9%）より高い水準である（The World Bank, 2024）。

　中国の国防費も、同様に引き続き高い水準で伸びている。中国の国防費は、米ドルベースで 2022 年には約 2980 億米ドル（2021 年を基準）で、これは日本の約 539 億米ドルの 5 倍弱となっている。次ページの図表 1 からも明らかなように、中国の国防費の伸びは 2022 年までの約 30 年間で見ても実質ベースで年平均 9% 近い伸びを示しており、軍事力が急速に向上していることが明らかである（SIPRI, 2023）。さらに、中国の国防費は、公表される額を大幅に上回ると指摘する専門家もあり、注意が必要である。また、中国の軍事力向上を象徴するのが、航空母艦の建造と運用能力の向上であり、旧ソ連製空母「ワリャーグ」を改修した「遼寧」、初の国産空母「山東」に続き、3 隻目の空母「福建」が 24 年に就役する見込みである（「中国海軍 3 隻目の空母が進水 カタパルト採用、24 年以降に就役か」『朝日新聞』2022 年 6 月 17 日）。加えて、核兵器、ミサイル戦力などは広範かつ急速に強化かつ近代化され、宇宙、サイバー、電磁波といった新たな領域での軍事化も進んでいる（外務省, 2019, 40 頁）。

2. 北朝鮮の核開発およびミサイル開発

　北朝鮮の核開発およびミサイル開発の進展も日本にとり極めて憂慮すべきものであり、2011 年に金正恩が最高指導者の地位を継承して以来、特に核およびミサイルの開発が加速化しており、2022 年に至ってはミサ

イル実験数が突出して多くなっている。(以下の図表2を参照)[2]。

|図表1|

日本と中国の防衛支出（実質値、2021年を基準。単位：百万ドル）の動向

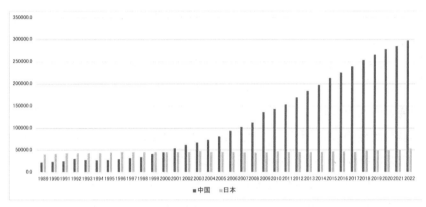

出典：ストックホルム国際平和研究所（SIPRI）Military Expenditure Databaseをもとに筆者が作成

|図表2|

北朝鮮によるミサイル発射件数及び核実験回数の動向

	2006	2007	2008	2009	2010	2011	2012	2013	2014	2015	2016	2017	2018	2019	2020	2021	2022	計
ミサイル発射実験回数	10	7	6	16	0	0	6	9	18	18	23	25	0	20	9	10	69	246
核実験回数	1	0	0	1	0	0	0	1	0	0	2	1	0	0	0	0	0	6

出典：Missile Defense Project, "Missiles of North Korea," Missile Threat, Center for Strategic and International Studies, June 14, 2018, last modified November 22, 2022, https://missilethreat.csis.org/country/dprk/ をもとに著者作成。

---

[2] 2017年9月の核実験は規模の大きな実験（水爆実験）を実施している。

3. 東シナ海および南シナ海における中国の海洋進出

　東シナ海や南シナ海の海空域では、公海上の航行の自由や上空飛行の自由の原則などの国際法に反する中国による一方的な行動が続いている。まず、尖閣諸島周辺海域では、2013年11月に中国政府は、尖閣諸島を「中国の領土」として含む「東シナ海防空識別区」を設定したことに加え、中国公船による尖閣諸島周辺への領海侵入は、23年には42日間延べ129隻に上り（21年は40日間延べ110隻、22年は37日間延べ103隻）（海上保安庁, 2023）、接続水域を中国の潜水艦等が航行するケースも見られる。また、12年秋以降、航空自衛隊による中国軍機に対する緊急発進の回数も高い水準で推移している。さらに、東シナ海での日中間の排他的経済水域（EEZ）と大陸棚の境界が未画定である中、中国側の一方的な資源開発も続く（外務省, 2022, 40頁）。

　南シナ海でも、中国は現状を変更し緊張を高める一方的な行動とその既成事実化を進めている。中国は南シナ海での「歴史的権利」を主張し領有権を求めてきたものの、2016年のハーグでの仲裁裁判で明確に否定された。また、南シナ海での中国の主張は、国連海洋法条約（UNCLOS）に反するにもかかわらず、係争地に南シナ海全域を射程とするミサイルを配備し、弾道ミサイルの発射実験を行うなど、シーレーンの安全を脅かしている（外務省, 2020, 67頁）。さらに21年に中国はいわゆる「海警法」を施行したが、中国の管轄海域での取り締まりや武器使用の権限を明記しており、尖閣諸島沖や南シナ海で中国の統制が強まるおそれがある（外務省, 2022, 40頁）。

4. ウクライナ戦争と同戦争がもたらす東アジアへの影響

　2022年2月にロシアの侵攻により始まったウクライナ戦争は、東アジアの安全保障環境に対しても2つの点で影響を与えることが予想される。1つは、武力を用いた現状変更、特に、領域の取得は認められないとの認識は、国際法上確立したものであるが、ロシアによる侵攻はこう

した認識を揺るがしかねない可能性がある。実際、2022年10月に行われた5年に1度の共産党大会で、習近平国家主席が、台湾統一のためには武力行使も辞さない姿勢を示したことは（「習氏、台湾問題「武力行使を放棄せず」中国共産党大会」『日本経済新聞』2022年10月16日）、台湾有事が日本に大きな影響を及ぼすことは避けられない以上、日本にとっても大きな懸念とならざるを得ない。

　2つ目に、米国は、現在のところその軍事資源をウクライナ戦争で過度に消耗しないよう十分注意を払っているものの、今後同戦争に対し支援のみならず兵力を展開するといった直接介入が必要な状況となり、米国の軍事力が想定以上に欧州地域に割かれることになれば、インド太平洋地域の各国の安全保障認識や政策にも大きな影響が及ぼし、場合によっては地域安全保障が不安定化するリスクが予想される。

第3節　日本国内の世論の変化

　以上に述べた日本を取り巻く国際安全保障環境の変化に伴い、日本国内の世論も変化を見せている可能性が高い。日本国民が自らの安全保障環境をどのように認識しているかを包括的かつ体系的に調査、分析した研究は見られず、確実なことは言えないものの、日本人がみずからの安全保障環境が悪化しつつあることを表していると思われる幾つかのデータを示す。

　尖閣諸島中国漁船衝突事件は、2010年9月7日に尖閣諸島付近で操業中であった中国漁船と、これを違法操業として取り締まりを実施した日本の海上保安庁との間で発生した衝突事件であり、内閣府の外交に関する世論調査によれば、この事件以降、日本人の中国に対する印象及び日中関係への評価は劇的に悪化し、現在に至るまで十分回復したとは言えない状況にある（内閣府, 2023）。

　また、既述した通り、急速に軍事力を拡大している中国、2010年代以

降に急激に増えた北朝鮮によるミサイル発射実験と4度に及ぶ核実験を強行する北朝鮮、そして、ウクライナを侵攻したロシアが日本の安全保障に対する脅威と感じさせる要因となっている可能性は極めて高い。日本全国の17歳から19歳の日本人1,000人という対象が限られた調査ではあるものの、実際2023年1月に行われたインターネット調査では、北朝鮮、ロシア、中国の順に軍事的脅威と感じる日本人が多く、調査対象の半数に近い、もしくは半数以上がこれらの国を脅威として挙げていた（日本財団, 2023）。

　また、後述するいわゆる安保法制が2015年に成立した際には、「集団的自衛権を使えるようにしたり、自衛隊の海外活動を広げたりする安全保障関連法に、賛成ですか」との問いに対する反対意見が賛成意見を上回る状況であったが、5年後の2020年には初めて賛成派が反対派を上回る状況に変化しており、日本国民の安全保障に対する認識や意識が変わりつつある可能性がある（「安保関連法、初めて賛否が逆転」『朝日新聞』2020年12月18日）。

第4節　安倍政権の安全保障政策

　近年の日本の安全保障政策を考える上で、安倍政権の外交・安全保障政策を検討し、分析することは極めて重要である。なぜなら、第1次安倍政権は1年と短命であったものの、第2次安倍内閣は2012年12月から2020年9月まで7年8カ月あまりと日本政治史上で最長の政権となったことに加え、それまでの日本の外交安全保障政策を転換させたという意味でも極めて重要な役割を果たしたからである。中でも、安倍政権の外交政策を特徴づけたのが、積極的平和主義の考え方である。積極的平和主義とは、自由で安定した国際秩序の維持が日本の基本的な国益であり、その維持強化のために、日本は主体的かつ積極的な役割を果たすという考え方であり、それまでの日本外交の考え方とは、3つの意味で異なっている。

まず、日本の国益と価値観を積極的かつ主体的に打ち出したことである。従来の日本外交においても自由や民主主義といった価値観は重要視されてきたものの、積極的かつ主体的に国際会議や外国要人の会談で明確に主張することは少なかった。この点は、特に「自由で開かれたインド太平洋（FOIP）」構想に端的に表れている。FOIP構想は、太平洋とインド洋、アジアとアフリカをつなぎ、自由と、法の支配、市場経済を尊重し、地域の平和と繁栄を促進するという構想であり、重視されるのは、航行の自由、民主主義、自由貿易といった考え方である（外務省, 2019, 24頁）。こうしたFOIP構想の考え方は、日本にとどまらず、アメリカ、東南アジア、欧州諸国の共感を得て世界的な広がりを見せていること、さらには、こうしたFOIP構想と関連して、日本、アメリカ、オーストラリア、インドの4か国から成る枠組みであるクアッド（QUAD）を通じて実践的な協力関係が生まれていることは注目すべきである。

　次に、日本にとって望ましい国際安全保障環境を実現するために、日本を取り巻く国際環境を所与のものとして受け入れるだけでなく、日本自らも積極的かつ主体的に関わり、望ましい国際環境の構築に関与していくという意思を明確にしたことである。この点をもう少し詳しく説明すると、第二次世界大戦の反省もあり、戦後、安全保障面では日本は平和主義を掲げ、自らは軍事面での貢献は最低限のものとし、自衛隊の役割も自国の防衛のみに限定してきた。また、日本国民もいわゆる平和憲法の下、日本が国際紛争に関わりを持つことは望まず、自衛隊の海外派兵もタブーとされた時代が長く続いた。しかし、日本が戦後復興を遂げ、1980年代以降世界第2位の経済大国となり、1990年に湾岸戦争が勃発すると、国力に見合った国際貢献が米国を中心に国際社会からも求められるようになった。そして、自衛隊は国連の平和維持活動（PKO）や、9・11アメリカ同時多発テロ事件後にアフガニスタンやイラクへの攻撃に際して多国籍軍にも参加するようになった。しかし、この時でも基本的にはアメリカや国際社会からの要請を踏まえてということで、日

本自身が国際的な安全保障にかかわる構想や提案を主体的に提示するようなことはほとんどなかったと言ってよい。つまり、それまでの日本の安全保障政策は平和主義にもとづく消極的で受け身的なものであったと言ってよい。

2つ目のポイントと関連して、これまでの日本外交と異なる3つ目の点が、集団的自衛権に対する考え方の変化である。以上に述べた、消極的平和主義の姿勢が象徴的に表れていたのが集団的自衛権に対する考え方である。それまでの集団的自衛権に関する政府の考え方は、「日本は集団的自衛権を保有するけれども、憲法上、これを行使することは認められていない」という解釈であったが、安倍政権では厳格な要件の下、集団的自衛権の行使を一部認めるという解釈に変更している。これは、「専守防衛」を基本としてきた戦後の日本の安全保障政策の大きな転換である。そして、以上の解釈変更を踏まえて2015年9月にいわゆる平和安全法制が整えられ自衛隊法や国連平和維持活動（PKO）協力法など10の関連法が改正されるとともに、国際平和支援法が新たに制定された。

つまり、安倍政権は、それまでの政権とは異なり、日本の価値観や国益を明確に国際社会に主張し、日本自らにとって望ましい国際安全保障環境づくりにより主体的に取り組むようになったということである。以上に述べたFOIPや集団的自衛権に関する憲法解釈の変更以外にも、国家安全保障会議（NSC）とその事務局（NSS）の設立（2013年）、特定秘密保護法成立(2013年2月)、国家安全保障戦略の策定(2013年12月)、防衛装備品輸出三原則を制定（2014年4月）など、安全保障に関する政策・措置が実施されており、これも日本の安全保障政策に対する取り組みが、消極的平和主義から積極的平和主義に転換した帰結と言ってよい。

② 日本の外交政策において、韓国との関係が占める位置づけや重要性にはどのような変化が見られるのか。

第5節　日本にとっての朝鮮半島の位置づけ

　「日本の外交政策において、韓国との関係が占める位置づけや重要性にはどのような変化が見られるのか」という問いが生じる背景には、「日本の外交政策における韓国の位置づけが低くなってしまったのではないか」という懸念があることを示すものである。具体的には、文在寅政権下の日韓関係が慰安婦や徴用工の問題をめぐって、日本のマスメディアの言葉を借りれば、「戦後最悪」とまで言われるほどまでに悪化したという背景がある。特に、2018年10月に元徴用工をめぐる裁判で新日鉄住金に損害賠償を命じる判決が確定したこと（総理官邸, 2018a）、そして、同年11月に慰安婦問題に関する解決措置の主要な柱とされてきた「和解・癒やし財団」を韓国側が日本の同意なく一方的に解散したことで（総理官邸, 2018b）、日本政府内では韓国は国際法を遵守しない国というイメージが定着しつつある。タブロイド紙ではあるものの、こうした国際法を無視した韓国政府の行動に対して、日本政府内には「韓国疲れ」が広がり、経済規模もあまり大きくない韓国と必要以上に付き合う理由はないとして、韓国は戦略的に無視せざるを得ないとの声も外務省で聞かれるとの報道も散見されている（「日本政府に"韓国疲れ"蔓延　外務省幹部「戦略的に無視していく」徴用工判決問題」『夕刊フジ』2018年10月31日）。また、日本の外務省が毎年発行する外交白書である『外交青書』の2022年度版では、第2章「地域別に見た外交」の第2節アジア・大洋州の項目で韓国を含む「朝鮮半島」の記述が、これまでと異なり「中国・モンゴル」の後に記述されるようになった（外務省, 2022）。こうしたことが、日本の外交政策において韓国の地位が低下したのではないかと懸念を引き起こしているのかもしれない。

　しかし、こうした報道や白書における既述の順番の変更は、日本の外交政策における韓国の地位の低下を必ずしも示すものではないと考える。まず、日韓関係全般を見ると、政治、経済、交流いずれの面でも日韓関

係は密接なつながりを共有することは指摘するまでもないだろう。政治面に関しては、コロナ・パンデミックの影響により日韓間の要人往来は大幅に制限されているものの、首脳・閣僚レベルでの対話は引きつづき緊密に行われている（外務省, 2022, 51 頁）。

　経済面に関しては 2021 年の日韓間の貿易総額は、約 9 兆 3000 億円であり、韓国にとって日本は第 3 位、日本にとって韓国は第 4 位の貿易相手国であり（外務省, 2022, 55 頁）、それぞれの全貿易量に占める割合は両者とも概ね 5% 程度である。さらに、交流面では、日韓間の往来者数は、コロナ・パンデミックの影響を受ける前の 2018 年に約 1,049 万人を記録した（外務省, 2022, 54 頁）。特に、同年の訪日外国人数約 3,120 万人のうち訪日韓国人数は約 750 万人であり、これは中国についで第 2 位となっており、全訪日外国人数の 25% 弱を占めている（日本政府観光局, 2023）。

　次に、日本にとっての韓国の重要性を安全保障面から考えると朝鮮半島の安定が日本にとっては極めて重要であり、そして、特に、現在、北朝鮮の核開発およびミサイル開発が日本にとっての直接かつ明白な脅威となっていることから、韓国との関係が重要であることも自ずと理解される。

　まず、地政学的に明らかなことは、朝鮮半島と日本列島は海洋により隔たりはあるものの、同半島が日本列島に向かって突き出るような形で近接しているという地理的特性である。この地理的特性は日本の安全保障の懸念となりうるものであり、古くは今から 700 年以上昔に蒙古軍が朝鮮半島を踏み石（足がかり）として九州沿岸に襲来したという歴史はほとんどの日本人の知るところであり、したがって、明治以降の日本が同半島に対する安全保障面での関心を高めたことはある意味歴史的必然性があったのである。もちろん第二次世界大戦以前の日本の朝鮮半島政策を肯定するものではないが、朝鮮半島が安定し、同半島に日本にとって友好的な国家が安定して確立し、存続することが日本の安全保障にとっ

60
政治分野

て望ましいという状況は現在でも変わらない。そして、それは具体的には二つのことを意味する。

　まず、朝鮮半島に自由で民主的であり、かつ、できれば日本に友好的な国家が存在することが望ましいということである。裏を返せば、朝鮮半島に非民主的もしくは、日本に非友好的な国家が存在することは日本の安全保障にとって脅威となりうるということである。その意味で、日本にとって自由で民主的で、なおかつ、友好的な韓国が存在することは貴重である一方、独裁的で日本に友好的とは言えない北朝鮮のような国家が存在することは日本にとって大きな脅威である。したがって、日本が対北朝鮮政策を考える上で、韓国との安全保障協力はとても重要である。

　中でも、より具体的には現在日本にとって最も大きな脅威の一つは、北朝鮮の核開発及びミサイル開発である。北朝鮮はすでに核弾頭を保有しており、かつ、日本列島全域を射程内に収めるミサイルの配備も進んでいる。したがって、北朝鮮の核開発及びミサイル開発及び攻撃に対処するためにも韓国との関係は重要にならざるを得ない。

③ 日本、韓国、アメリカから成る三国間の協力関係は日本にとってどの程度重要であるのか、過去と比べてその重要性に変化はみられるのか。

　以上の問いに対する回答は、簡潔に答えるとすれば、現在でもすでに「極めて重要である」ということになり、ウクライナ戦争が継続し、同戦争が東アジア地域の安全保障環境にも影響を及ぼす可能性があることを踏まえた場合、日米韓三か国間の協力はより一層重要になる可能性を秘めている。以下では、朝鮮半島有事の際の協力とより広域における安全保障協力、例えばFOIP構想やQUADにおける協力の可能性とに分けて考える。

第6節　朝鮮半島有事の際の協力

　日米同盟は、その設立当初から朝鮮半島有事の際には、日本から必要な支援を行うことが想定されていたことに留意する必要がある。地政学的に考えると、朝鮮半島有事の際には、日本はその後方兵站地になる。朝鮮戦争では、日本の基地から北朝鮮に向けて軍用機が飛び立っていたことは周知の通りであるし、米軍が韓国に兵力を増援する場合も、日本の港湾や空港を経由した。つまり、日本は朝鮮半島有事の際の兵站基地としての役割を果たしてきたし、今後朝鮮半島有事が発生した際にも同様の役割を果たすことが予想される。したがって、日米同盟はある意味米韓同盟を担保する役割を果たしており、朝鮮半島の安定が日本にとって極めて重要である以上、この2つの二国間同盟を結び付けた三国間協力は日本にとっても重要になるのである。

　また、より具体的に北朝鮮の核開発やミサイル開発を考える場合、例えば、日韓秘密軍事情報保護協定（GSOMIA）は日米韓三国間協力の重要性を端的に示すケースと言えるかもしれない。具体的には、日米韓それぞれのレーダーでは捕捉できない情報を、相互に協力して提供し合うことができれば、これら三国はともに北朝鮮をめぐる核開発やミサイル実験の分析をより包括的にすることが可能になる。GSOMIAがあれば、交換した情報がきちんと保護されるので、情報の漏洩を心配することなく軍事情報を交換することが可能になる。

第7節　より広い地域を対象とした三国間の安全保障協力の可能性

　既述の通り、安倍政権以降、日本はより積極的かつ主体的に安全保障政策に取り組むようになった。そして、今後も日米同盟はさらに変質を遂げる可能性がある。また、ウクライナ戦争は、日本を取り巻く国際安全保障環境を大きく変える可能性を持っている。したがって、日米同盟が、

62
政治分野

自由で開かれたインド太平洋構想やQUADといった枠組みの中で、より広い地域の安全保障の維持を目指す同盟としてより大きな役割を果たす方向に向かう可能性もあるかもしれない。

　他方で、米韓同盟はどうだろうか。米韓同盟は、これまで基本的に北朝鮮を念頭に置いたいわゆる局地同盟としての役割を主に果たしてきた。しかし、中国の台頭やウクライナ戦争による東アジア地域安全保障の不安定化により、朝鮮半島問題を超えてより広い地域安全保障を目指す同盟へと発展する可能性はあるのだろうか。韓国における北朝鮮に関わる諸問題を解決する重要性、そして、問題解決に際しては中国が北朝鮮に持ちうる影響力の大きさを鑑みると、北朝鮮問題に関して韓国は中国との一定の協力関係を維持する必要があることが予想される。この点は日本と韓国では置かれた立場が異なる。したがって、仮により広い地域の安全保障目指す同盟へと米韓同盟が発展させることを考えるとしても、そのような同盟が、中国を対象もしくは潜在的脅威とするものであれば、韓国が北朝鮮問題の解決に中国の協力を必要とする以上、自ずと限界が出てくるかもしれない。したがって、米韓同盟がより広い地域安全保障の確保や維持を目指して発展することは難しい場合もあり得る。しかし、米韓同盟がそのような方向に向かうのであれば、日本やアメリカは共通の地域安全保障を目指すという意味で歓迎されるだろうし、望ましい展開と言えるのかもしれない。

第8節　おわりに

　文在寅政権から尹錫悦政権に代わり、米韓間の安全保障での協力関係は復活しつつある。自由で民主的で、かつ友好的な朝鮮半島の実現は日本、米国、韓国の三か国に共通の利益である。そして、日米同盟は米韓同盟を担保する役割をこれまで担っており、そして、今後とも担うこととなろう。また、日米同盟は中国が台頭する中、台湾が有事となる場合も含

め、積極的平和主義の下、より広い地域安全保障に貢献する可能性を持っている。したがって、米韓同盟も同様に、特に中国を念頭に置いた、より広い地域安全保障への貢献に進むのであれば、日米韓三か国の安全保障協力はこれまで以上の重要性を持つことになるかもしれない。

参考文献

海上保安庁（2023）, "尖閣諸島周辺海域における中国海警局に所属する船舶等の動向と我が国の対処", [https://www.kaiho.mlit.go.jp/mission/senkaku/senkaku.html]（https://www.kaiho.mlit.go.jp/mission/senkaku/senkaku.html）2023 年 2 月 15 日閲覧

外務省（2019）,『外交青書 2019―令和元年版第 62 号―』, 日経印刷

外務省（2020）,『外交青書 2020―令和二年版第 63 号―』, 日経印刷

外務省（2022）,『外交青書 2022―令和四年版第 65 号―』, 日経印刷

総理官邸（2018a）, "大韓民国大法院による日本企業に対する判決確定についての会見", 10 月 30 日, [https://www.kantei.go.jp/jp/98_abe/actions/201810/30bura.html]（https://www.kantei.go.jp/jp/98_abe/actions/201810/30bura.html）2023 年 2 月 15 日閲覧

総理官邸（2018b）, "和解・癒やし財団の解散に関する方針の発表についての会見", 11 月 21 日, [https://www.kantei.go.jp/jp/98_abe/actions/201811/21bura.html]（https://www.kantei.go.jp/jp/98_abe/actions/201811/21bura.html）2023 年 2 月 15 日閲覧

内閣府（2023）, "外交に関する世論調査", (1975-2022 年), [https://survey.gov-online.go.jp/index-gai.html]（https://survey.gov-online.go.jp/index-gai.html）2023 年 2 月 15 日閲覧

日本財団（2023）, "18 歳意識調査 第 53 回テーマ「国家安全保障」", [https://www.nippon-foundation.or.jp/app/uploads/2023/02/new_pr_20230208_04.pdf]（https://www.nippon-foundation.or.jp/app/uploads/2023/02/new_pr_20230208_04.pdf）2023 年 2 月 15 日閲覧

日本政府観光局（JNTO）(2023), "2018 年 訪日外客数（総数)", [https://www.jnto.go.jp/jpn/statistics/since2003_visitor_arrivals.pdf] (https://www.jnto.go.jp/jpn/statistics/since2003_visitor_arrivals.pdf) 2023 年 2 月 15 日閲覧

防衛研究所（2020),『東アジア戦略概観』, アーバン・コネクションズ

Center for Strategic and International Studies（CSIS）(2023), "Missiles of North Korea", [https://missilethreat.csis.org/country/dprk/] (https://missilethreat.csis.org/country/dprk/) 2023 年 2 月 15 日閲覧

Stockholm International Peace Research Institute（2024), "SIPRI Military Expenditure Database",[https://www.sipri.org/databases/milex] (https://www.sipri.org/databases/milex) 2024 年 2 月 20 日閲覧

The World Bank（2024), "World Bank Open Data," [https://data.worldbank.org/] (https://data.worldbank.org/) 2024 年 2 月 20 日閲覧

日韓協力の未来：第二の金・小渕宣言の為の課題

関西外国語大学
張 富丞

第1節　序論

　2023年3月1日、韓国の独立運動記念日の演説で尹錫悦（ユン・ソンニョル）大統領が、日本が過去の「侵略者」から韓国と普遍的な価値を共有する「パートナー」になったと宣言した後、長い間行き詰まっていた韓日関係は、まるで堰を切ったように急進展した。3月6日には、韓国政府が元徴用工問題について第3者代位弁済案をメインとする解決策を公開し、続いて3月16日・17日には尹大統領の訪日、4月には米国国賓訪問が行われた。また、5月には岸田文雄日本国総理大臣の韓国への答訪も実現された。

　韓日両国間には、2011年12月の李明博大統領の東京訪問を最後に首脳間の2国間訪問がなかった。韓国と日本のように民主主義と市場経済という政治的な価値を共有し、地理的に隣接し、毎年膨大な人的、経済的交流を行っている国家間に首脳間の2国間訪問がこれほど長い間なかったということは非常に異例のことである。したがって、もはや両国間の首脳2国間訪問が再開されるということは当然歓迎に値する。

　しかし、韓日関係が再び悪化するかもしれないという心配は依然として残っている。元徴用工問題裁判の韓国人原告の一部は、今回の尹政府の第3者代位弁済案の受け入れを拒否し、代位弁済の為の寄付金募金に参加する韓国企業に背任罪で訴訟を訴えるなどの「法律闘争」を予告している。民主党など韓国の野党は代位弁済案を「外交的屈辱」と規定し、

大々的な場外闘争を繰り広げている。日本側も、尹政府の元徴用工問題解決策の提示によって一時的に韓日関係が改善されたとしても、一部ではまたいつか韓国内の政権交代などによって韓国側が一方的に立場を変更するのではないかという危惧の念を拭えずにいる。

　このような懸念には理由がある。韓日関係改善の希望が絶望に転じた前例が有るからである。1998年金大中元大統領と小渕恵三元首相の間で「21世紀韓日新パートナーシップ共同宣言」（略称：金・小渕宣言）が出た時とか、2003年盧武鉉元大統領が日本を国賓訪問した時、韓日両国の多くの国民や有識者は、韓日両国が過去を直視するものの、過去を乗り越えて未来へ進むことで合意したと考えた。しかし、それからわずか数年の間に韓日関係は悪化の一途を辿った。2017年文在寅（ムン・ジェイン）政権発足以来は、2015年に結ばれた韓日慰安婦合意が事実上破棄され、2018年には元徴用工問題と関連した日本の被告企業に対する賠償判決まで最終的に確定され、韓日関係は国交正常化以来「最悪」という状況にまで落ちてしまったのである。

　このような負のサイクルを繰り返さないためには、「過去」から学ばなければならない。金大中、盧武鉉両大統領の時代の良好な韓日関係がなぜその後、急速に悪化したのかを調べ、また再び韓日関係が悪化することを防ぐためには、韓日両国間にどのような未来を作り、共有していくかを考える必要がある。そこで、本稿では、2010年代以降、韓日関係が悪化した原因を考察し、尹政府が今後対日外交を展開していく上で目指すべき方向性を韓日関係の過去は勿論、アジア太平洋地域で韓日が直面した共通課題や、また類似の課題に直面していたヨーロッパの事例に基づいて説明してみたい。

| 第2節 | 韓日関係悪化の原因(1)：韓国最高裁判決の国際法的意義 |

2010年代以後、韓日関係が悪化した最も直接的な原因は、2012年の韓国最高裁の元徴用工問題関連判決と、その2012年の判決を再上告審で再確認した2018年の韓国最高裁の最終判決であった。韓国はもちろん、日本でもこれらの判決は、かつて元徴用工が植民地時代に受け取れなかった月給を返せという命令だと誤解されている。未受領給与問題はこれらの判決の命令対象ではない。韓国最高裁の判決の核心は過去朝鮮を植民地化した日本の行為は「不法」だったので、植民政府も不法であるし、その植民政府が発動した徴用命令も不法であるから、日本側の不法行為によって被害者が被った「精神的な被害」に対して慰謝料を支給せよということだった[1]。

この問題の歴史的重要性を理解するには、1965年の韓日国交正常化当時の交渉の争点を振り返ってみる必要がある。約14年間にわたる韓日国交正常化交渉の最大の争点は、1910年から1945年まで朝鮮半島に存在していた政治体制に対する法的性格の規定問題だった。韓国側は植民地が既にその当時も「不法」であり、これを日本側が認めなければならないと主張した。一方、日本側は朝鮮半島に存在した植民地は韓日国交正常化交渉の時点では既に終了していたが、過去朝鮮半島に存在した植民地自体は、過去世界的に植民地が生成され、維持された当時の国際法に照らして「不法」ではなかったと反論した。

---

1 「事情を総合すると、原告らが主張する被告に対する損害賠償請求権は請求権協定の適用対象に含まれると見ることはできない。…原告らは被告を相手に未払い賃金や補償金を請求しているのではなく、上記のような慰謝料を請求しているのだ。旧日本製鉄の原告に対する行為は、当時の日本政府が朝鮮半島に対する不法な植民地支配および侵略戦争遂行と直結した反人道的な不法行為に該当し、このような不法行為によって原告が精神的な苦痛を受けたことは経験則上明白である。」最高裁2018年10月30日宣告、2013ダ61381判決。チョン・インソプ、『新国際法講義：理論と事例』第9版、博英社、2019、p.454から再引用（下線は筆者追加）。

この問題によって、韓日交渉は14年間もの間、平行線を辿っていた。交渉妥結のため、両国は結局、「不同意の同意」（An agreement to disagree）に到達することになった。すなわち、同じ事案に対して両国が解釈を異にすることで「合意」をしたのだ。この「不同意の同意」により、韓国側は1965年の韓日基本条約の付属協定である韓日請求権協定に基づき、日本側が提供する資金の性格を「不法行為」に対する賠償金と見なし、韓国の歴代政府は、この内容を国内に向けて繰り返して説明してきた。一方、日本側は過去の植民行為の不法性を認めていないため、日本内部では、同資金の性格を韓国に対する独立祝賀金ないし韓国の経済発展のための支援金と規定してきた。「不同意の同意」とは、このような争点事項について両国間で異なる解釈の両立を認めることである。したがって、日本は韓国が国内的に「日本の提供資金は不法行為を認めたことによる賠償金」と説明しても、日本政府や日本人（私人および法人）に対して追加の被害が発生しない限り、これを黙認してきた。

　しかし、2012年、韓国最高裁はこの「不同意の同意」を変更する解釈に基づいた判決を下した。実は、慰安婦の問題やサハリンの韓国人問題などとは違って、元徴用工問題の場合、既に14年間にわたる韓日国交正常化交渉当時に深層的で詳細な協議がなされた経緯があり、関連記録が全て大衆に公開されている。公開された外交文書によれば、当初日本側は韓国人徴用労働者を相手に個別申告受付に基づいた個別補償を提案したが、当時韓国政府側が両国政府間包括的交渉妥結に基づいた一括補償を要求し、個別補償は韓国政府が実施するという意向を示した経緯がある。もし交渉当時に韓国政府が一括補償を要求しながらも、これとは別に今後個別徴用労働者が個人的請求権に基づき日本政府や企業に対して個別補償を要求する場合、これに対しては日本側が補償を支給しなければならないという立場を示したといえば、韓日間の国交正常化は無かっただろうし、日本側の請求権資金提供も無かっただろう[2]。

2　チョン・インソプ, Ibid., p.460.

70
政治分野

このような交渉内容が既に外交文書公開を通じて詳しく知られている状況だったため、韓日間の既存合意である「不同意の同意」が維持される限り、日本側に徴用被害に対する追加補償を要求することは容易ではなかった。ところが、韓国最高裁はこの「不同意の同意」を否認することで、言い換えれば、1965年以来韓国政府が維持してきた韓日基本条約に対しての解釈を変更することによって新たな結論に達した。つまり、日本側は国交正常化交渉の過程でも、その後も植民行為の不法性を認めたことがないため、韓日請求権協定によって日本側が提供した資金は不法な植民行為に対する賠償金と見ることはできないということだ。したがって、日本側が賠償金を支給したことがないため、個別徴用被害者は日本側の不法行為に対する賠償金を個別に要求できるという結論になる。

　日本側は反発した。2012年及び2018年の韓国最高裁判所の判決は、韓日間の既存合意である「不同意の同意」を一方的に変更したものであり、その解釈の変更により、日本人（私人および法人）に追加の金銭が要求されることになるため、これは1965年の韓日基本条約および請求権協定締結当時の合意違反であるということである。

　元徴用工問題関連韓国最高裁判決が持つこのような歴史的背景及び理論的難点を理解した場合、2023年3月6日の尹政府が提示した第3者代位弁済案の性格も理解できると思う。尹政府は元徴用工問題に関する歴代韓国政府の解釈を継承したのだ。韓日間の「不同意の同意」に基づき、過去の植民行為の不法性問題についてはひとまず対外的には括弧をつけ、過去の植民行為が「不法」だったという解釈に基づき、日本政府と日本人に追加的な金銭要求がなされることはないようにするという従来の方針を再確認したものだ。これにより2012年に始まった韓国最高裁判所の韓日間の「不同意の同意」に対する解釈変更の試みは一段落したと見ることができるだろう[3]。

---

3 もちろん、韓国最高裁が元徴用工問題関連原告らの被告企業差し押さえ資産に対しての現金化要求に応じて強制執行命令を発する法律的可能性は依然と

| 第3節 | 韓日関係悪化の原因（2）：「成長の逆説」[4] |

　韓国最高裁が韓日間の「不同意の同意」を変更しようとした理由については、韓国の民主化と経済成長という歴史的背景がある。過去、韓国の経済成長のためには日本の技術と資本支援が不可欠だった。政治的にも韓国では長い間、軍部独裁が続いていた一方で、日本では自由選挙と基本的人権保障が行われてきたため、日本は韓国に比べて発展した政治体制と見なされた。しかし、1980年代以降、韓国が民主化に成功し、急速な経済成長を遂げ、1人当たりの所得や給与においては日本とほぼ対等な位置に達すると、日本に対する韓国人の見方も変化し始めた。今や韓日両国が政治的にも経済的にも対等な位置に置かれるようになったため、1965年の国交正常化当時「未完の課題」だった日本の植民行為に対しての不法性認定を確保して、韓日関係を対等な基盤の上に再設定しなければならないという認識が韓国人の中で広がったのだ。

　しかし、韓国の政治発展と経済成長は、日本では正反対の効果をもたらした。現在は基本的な人権保障や経済的生活水準の面で韓日間に大きな差は見出せないという点を日本人も認識し始めた。それなら、今や韓国は旧植民地ないし植民帝国主義の被害者段階は卒業したと見ることができ、韓国を特別に扱うのではなく、他の国々に適用するのと同じ一般国際法上の原則を韓国にも適用すべきだという認識が日本内部に広がり

して開かれている。しかし、既に行政首班であり国家元首であり憲法上の対外交渉の最終責任者である大統領が条約解釈上、既存の「不同意の同意」を維持するという立場を公開的に明らかにした以上、これに反して最高裁が追加的な決定を下す可能性は高くなさそうだ。例えそのような決定が出たとしても、尹政府は該当差し押さえ資産相当額を裁判所に供託する形で事実上現金化を中断させる可能性が高いと見られる。

4 「成長の逆説」に関しては拙稿、「未来志向的韓日関係が必要な理由：回復弾力性の喪失と韓日関係の基礎体力の回復」『法治と自由』2022年夏号参照。

始めたのだ。2010年代以降、長期にわたって韓日関係の悪化が続いた背景には、韓国の政治発展と経済成長が両国の相手国に対する認識構造にもたらした異なる変化、すなわち、「成長の逆説」が作用していると見ることができるだろう。

「成長の逆説」という観点から2010年代以降の韓日関係を理解した場合、今後の尹政府が直面することになる韓日関係改善の未来課題ないしジレンマも明確になる。国内的に韓国国民の「認定欲求」が上昇した分、韓国政府は韓日関係について過去より高揚された立場で対等なパートナーとして認められ、それに相応しく行動しなければならない。しかし、このような認定要求が日本の度重なる「謝罪」で満たされることは難しい。なぜなら、今の日本国内では、韓国を旧植民地国家や発展途上国程度と見る見方が消えているからである。これからは周期的に日本が謝罪し、韓国がその謝罪を受け入れる加害者と被害者の関係ではなく、両国とも民主化と経済成長を成し遂げた対等なパートナーとして堂々とした位置でお互いに利益を交わし、戦略的な関心事を共有する関係になる必要がある。つまり、日本からの謝罪を通じて認定欲求を満たすよりは、共通の利益と価値を増進するために互いに対等に協力することで認定欲求を実現していく関係にならなければならない。

第4節　1998年の金・小渕宣言に反映された韓日間の利益のバランス

実際、このような対等なパートナー関係の基礎は、既に25年前、韓日が共同発表した金・小渕宣言でも発見される。尹政府が何度も公言しているように、1998年の「金・小渕宣言」を継承し、「第2の金・小渕宣言」を実現することが対日外交の目標点なら、まず金・小渕宣言の核心内容とは何であり、その内容についての合意がどうして可能になったのかについて考察してみる必要がある。

金・小渕宣言の内容の中で、韓国では主に日本側の「痛切な反省と心

からのお詫び」という表現が盛り込まれている第2項が注目の対象になっている。その理由は、金・小渕宣言は、過去の植民地支配に対する日本の謝罪とこれに対する韓国の受け入れとして理解されているからだろう。しかし、これに劣らず重要な内容が第3項と第6項に書いてある。まず、第3項の主な内容を見てみよう。

「小渕総理大臣は、韓国がその国民のたゆまざる努力により、<u>飛躍的な発展と民主化を達成し、繁栄し成熟した民主主義国家に成長したことに</u>敬意を表した。金大中大統領は、戦後の日本の平和憲法の下での専守防衛及び非核三原則を始めとする安全保障政策並びに世界経済及び開発途上国に対する経済支援等、<u>国際社会の平和と繁栄に対し日本が果たしてきた役割</u>を高く評価した。(下線筆者追加)」

上記の引用文で、日本側は韓国が旧植民地ではなく、民主化と経済成長に成功した国であることを認め、同時に韓国側は日本が旧帝国主義国家ないし戦犯国ではなく平和愛好国であり、世界平和と繁栄に寄与する国であると認めている。金大中元大統領はここから一歩進んで、第6項では日本の国際的役割をより積極的に肯定している。

「両首脳は、21世紀の挑戦と課題により効果的に対処していくためには、国連の役割が強化されるべきであり、これは、安保理の機能強化、国連の事務局組織の効率化、安定的な財政基盤の確保、国連平和維持活動の強化、途上国の経済・社会開発への協力等を通じて実現できることについて意見を共にした。かかる点を念頭に置いて、金大中大統領は、<u>国連を始め国際社会における日本の貢献と役割を評価し、今後、日本のこのような貢献と役割が増大されていくことに対する期待を表明した。</u>(下線筆者追加)」

国連での役割の拡大は、日本が長年保ってきた長期外交路線の一つである。特に、国連安全保障理事会の常任理事国になるのは、日本外交の悲願の一つだ。日本は過去、国際連盟当時、連盟理事会の初代常任理事国である4か国(英国、フランス、イタリア、日本)の一国だった。国

際連盟の理事会は国際連盟の後身である現在の国際連合の安全保障理事会と構造的に類似な位置を占める重要機関である。ヨーロッパの伝統の強国と肩を並べて国際連盟の常任理事国になることによって、日本は第1次世界大戦後名実共に世界をリードする強国としての座を国際的に認めてもらったのだ。しかし、光栄の時間は長くなかった。日本は1931年満州事変を起こし、日本を除いた全連盟国の非難を受け、1933年国際連盟を脱退し、常任理事国の地位も失うことになった。このような歴史的な背景により、日本が国連安保理の常任理事国になるというのは、第2次世界大戦の敗戦国としての地位から脱却し、第2次世界大戦以前の世界主要指導国家の地位に復帰することになると言えるだろう。こうした日本の長年の悲願を、金大中元大統領が高く評価し、そうした役割の拡大に対する期待を表明したのだ。日本が外交政策上最も望むこと、聞きたいことに対して金大中元大統領が的確に応えてくれたのだと言えるだろう。

<table>
<tr><td>第5節</td><td>対等なパートナーになるための課題：
利益のバランスと戦略的な関心事の共有</td></tr>
</table>

　金・小渕宣言だけではなく、国家間の外交交渉とその結果である条約や共同宣言は、いずれも利益のバランスと関心事の共有に基づいている。それが主権を持つ諸国で構成されている現代の国際関係における国家間の信頼を高める方法である。韓国と日本が協力を通じて共通利益を増進させることができる分野は多い。

　まず、一番急を要するのは、北朝鮮の核兵器、ミサイル脅威に対する共同対応力の強化である。これまで韓国は堅固な韓米同盟を通じて北朝鮮の脅威に対応してきており、日本は日米同盟を通じて朝鮮半島有事の際、後方支援の役割を担うことにしてきた。しかし、ここ数年、北朝鮮の核兵器とミサイル能力が高度化し、北朝鮮が事実上の核保有国となった。もはや北朝鮮は米国など他の大陸に所在する国まで射程範囲に入れ

75

日韓協力の未来：第二の金・小渕宣言の為の課題

る攻撃能力を拡充しつつある。このような安保環境の変化の中、韓国と日本が高度化した北朝鮮の脅威に対応して情報共有、立場共有、共同対応能力強化など新たな態勢を整備していく必要は一層高まっている。

アジア太平洋地域での航行の自由と自由貿易体制の守護および増進も、韓日間の協力と共同対応が必要な重要分野だ。最近、西太平洋地域では中国の浮上と軍備増強および台湾問題に対する強硬発言などを背景に航行の自由に対する憂慮が提起されている。また、過去に比べてより緊密になった国家間サプライ・チェーンが、むしろ個別国家の政治的目的を達成するための外交手段として利用されるのではないかという懸念が提起され、サプライ・チェーンの国際的再編の必要性が提起されている。韓国と日本はこの半世紀の間、航行の自由と自由貿易を保障する自由主義国際経済秩序の最大の恩恵国だ。この点で航行の自由と自由貿易体制の守護及び増進には韓日両国共同の重大利益が掛かっていると言っても過言ではない。韓日両国の政府当局者は直ちに膝を詰めて共同対応の具体案を模索していかなければならない。

2022年のウクライナ戦争勃発以来提起された世界の戦略的環境の変化も韓日両国共通の戦略的な関心事に違いない。ウクライナ戦争は大国の利害関係によって弱小国の領土的完結性と安全保障が無残に蹂躙されかねないことを示す一大事件である。さらにウクライナは、旧ソ連解体当時、核兵器を保有していたが、列強の安全保障公約を信じて核兵器を放棄した。しかし、ウクライナ戦争は列強の安全保障というのが、場合によっては紙くずになりかねないことを如実に示している。

ウクライナと同様に、韓国と日本も至近距離に核兵器保有国が存在しているし、その国は人権を保護して言論の自由を保障する民主主義国家ではない。ウクライナと同様に、韓日両国とも非核保有国でありながら、潜在的な核の脅威に対しては他の大国の核抑止公約に国の安全を100%依存している。ウクライナと韓日の間に存在するこのような戦略的な環境の類似性、そして、ウクライナ戦争が示唆する東アジアの戦略的安保

環境の変化の可能性にどのように対応していくかという問題は、韓日両国共に国家の死活がかかった戦略的な関心事に違いない。

　最近、韓国政府からは、1963年にフランスとドイツの間で締結されたエリゼ条約をモデルにして韓日関係を改善していこうという話が流れてきている。エリゼ条約は、フランスとドイツがおよそ百年にわたる凄絶な敵対関係を清算し、両国間の協力と連帯を一段階高いレベルに引き上げようという両国指導者の決断のおかげで可能だった。この条約で、仏独両国は、最高位級を含め高官級会合を常時定例化し、未来世代間の交流のための具体的なプログラムを作ると合意した。

　エリゼ条約が可能だった理由は、フランスとドイツの指導者が、冷戦という巨大な国際関係の構造変化の中で、これ以上両国間の反目と敵対を続けると、独自的な行動の自由領域を失ったまま、かつて享受していた大国の地位を剥奪されるかもしれないという危機感を共有したためである。フランスとドイツがエリゼ条約を通じて成し遂げた政策転換は以後、欧州統合の礎石となり、今は欧州連合（EU）という国際政治の第3の軸として具体化している。

　一方、米国が一軸を成し、他方では中国とロシアが互いに協力し合い、米国対中・ロ間の対決構造が固着化しつつある東アジアの戦略的環境は、韓国と日本にもかつてフランスとドイツが直面したのと同じ戦略的な課題を提示している。韓日両国も、米国と中・ロ間の対決という構造的な圧力の下で、どのようにして自分たちの行動の自由領域を確保し、拡充していくのかについて悩みを共有せざるを得ない。今は、このような韓日共通の戦略的な関心事について、両国の指導者が顔を合わせて議論を始める時である。

第6節　結論

　第2の金・小渕宣言に至ろうとする尹大統領の目標を達成するためには、まず金・小渕宣言の限界と金・小渕宣言を可能にした条件を理解する必要がある。

　金・小渕宣言は、上述したように、両国の利害関係の絶妙な折衷に基づいている。しかし、金・小渕宣言は韓日間の持続的な協力構造の創出には失敗した。金・小渕宣言から約10年後に韓日関係は再び悪循環の構造に陥った。「成長の逆説」で象徴される韓日両国の内部的変化がもたらした両国葛藤の悪化に対して金・小渕宣言だけをもって対応するのは力不足だった。韓国の民主化と経済成長を通じて韓国人の認定欲求はかつてないほど高まり、逆に日本人は韓日関係を「特殊関係」ではなく、一般的な国際関係下の対等なパートナーシップとして構築していくことを要求している。

　また、金・小渕宣言以後、既に25年という時間が流れたという点を見逃してはならない。東アジアの戦略的な環境は、金・小渕宣言が出た1998年とは大きく変わった。当時、中国は日本よりも経済規模がはるかに小さく、ロシアは政治不安の中で破産に近い経済危機に直面していた。北朝鮮は「苦難の行軍」を繰り返し、核兵器を夢見るどころか、国家の崩壊を心配しなければならなかった時だった。今の中国は日本より経済規模が4倍近く大きい国になり、ロシアは戦争に反対する世界世論にもかかわらず1年以上ウクライナで戦争を遂行している。北朝鮮は、度重なる核実験とミサイル発射で、韓国と日本はもちろん、米国まで脅かしている。このような新しい戦略的な環境は、金・小渕宣言のアップグレードを求めている。

　韓日間の対等なパートナーシップを通じて、新たな戦略的な環境にどのように韓日が共同で対応していくのか。そうした共同対応を通じて、韓国の高まった認定欲求を満たしつつ、同時に日本の利害関係をどう反映させるのか。「第2の金・小渕宣言」を目指す尹政府は、このような質問に対する答えを韓日両国の国民に提示しなければならないだろう。

参考文献

張富丞、「未来志向的韓日関係が必要な理由：回復弾力性の喪失と韓日
関係の基礎体力の回復」、『法治と自由』、2022 年夏号。

チョン・インソプ、『新国際法講義：理論と事例』 第 9 版、博英社、2019。

インドと日韓関係
―インド太平洋とグローバル・サウスをめぐって―

中京大学
溜 和敏

第1節　はじめに

　2022年12月、韓国は「自由・平和・繁栄のインド太平洋戦略」を発表した。インド太平洋をめぐる政策としては、2016年8月に日本政府が発表した「自由で開かれたインド太平洋」戦略（「戦略」を称したのは2018年秋まで）が重要な嚆矢となり、その後アジアのみならず世界の主要各国が相次いで政策を発表していた。インド政府は2018年6月に政策指針を発表し、2019年11月には具体的な「インド太平洋海洋イニシアチブ（IPOI）」を打ち出している。そして韓国がついにインド太平洋戦略を打ち出したことにより、日本、インド、韓国はインド太平洋を共有するに至ったのである。

　日本、インド、韓国の3カ国は、アジア地域内では国別GDP（2022年、名目GDP）で2位、3位、4位にあたる国々である。つまり、インド太平洋と距離を置くアジア1位の中国に対して、2位、3位、4位の国々がいずれもインド太平洋を掲げている。国際関係論の観点では、アジア1位に対して2位以下の国々が連帯してバランシングを試みていると言えるかもしれない。

　しかしインドの対外戦略において、インド太平洋はワンオブゼムに過ぎない。昨今は、インドのグローバル・サウス戦略についても広く知られるとおりである。そこで本稿は、日本、韓国、インドのインド太平洋

政策のあらましを確認してから、インドの対外戦略全般におけるインド太平洋とグローバル・サウスの位置づけを検討することにより、日韓関係への示唆を導きだしたい。

| 図表 1 |
アジアの国別 GDP（名目、2022 年推計）上位 5 カ国

アジア順位	世界順位	国名	GDP（兆米ドル）
1	2	中国	18.0
2	3	日本	4.2
3	5	インド	3.4
4	13	韓国	1.7
5	16	インドネシア	1.3

出典：世界銀行予測

第2節　日本のインド太平洋政策

「自由で開かれたインド太平洋」は 2016 年に発表されたものであるが、日本政府がインド太平洋という言葉を公式に使いはじめたのはそれから 2 年前の 2014 年であり、外交舞台で最初に用いた相手はインドであった。2014 年 11 月、オーストラリアで開催中の G20 のサイドラインとして行われた日印首脳会談において、安倍晋三首相がナレーンドラ・モーディー首相に対して、日印関係にインド太平洋の視点を付与することを提案し、合意に至ったとされている[i]。つまり、「自由で開かれたインド太平洋」以前から、日本とインドはインド太平洋という概念を共有していた。2015 年時点では、日印関係およびそこにアメリカを加えた 3 カ国の文脈でインド太平洋という言葉が使われており、この時点ではほぼ日印関係に特有のワードとなっていた（溜 2021）。

81
インドと日韓関係—インド太平洋とグローバル・サウスをめぐって—

そして2016年に「自由で開かれたインド太平洋」が始まってからの
動向については周知のとおりである。ただしここでは、冒頭でも注記し
たように、日本政府による「自由で開かれたインド太平洋」の位置付け
が変更されたことを確認しておきたい。2018年の秋には日本政府が「自
由で開かれたインド太平洋」を「戦略」と称することを止め、代わって
「ビジョン」として位置付けるようになっていた。この政策転換の理由は、
中国との関係改善を進めるため、そしてインド太平洋をインドやASEAN
諸国とも共有していくため、の2点であるとされている。つまり日本は、
中国に対抗する戦略とみられていたインド太平洋の位置づけを修正する
ことにより、コネクティビティをめぐる中国との協力の可能性を模索す
るとともに、中国との衝突を望まないインドやASEANへの歩み寄りを
図ったのであった（溜2021）。

第3節　インドのインド太平洋政策

　日本との外交関係の文脈ではインド太平洋という言葉を用いていたイ
ンド政府であったが、単独でインド政府がインド太平洋という用語を使
いはじめるのは2017年後半、そして政策として大々的に発表したのは
2018年6月にアジア安全保障会議（いわゆるシャングリラ会議）におい
てモーディー首相が行った演説であり、下記の7項目を打ち出していた
（筆者による整理）。

① インド太平洋は、自由で開かれたインクルーシヴな地域であり、す
　　べての関係国を含む
② 東南アジア・ASEANが今後もインド太平洋の中心である
③ 対話を通じて、ルールに基づく共通の秩序を求める
④ 国際法に基づいて公海・公空へのアクセスが等しく保障される
⑤ 保護主義に反対し、開かれた国際貿易を支持する

⑥ インフラと信頼のコネクティビティが地域を結びつける。どの国とも協力する準備がある

⑦ 大国間対立の時代には戻らない

　この演説におけるポイントは、第一に、「自由で開かれた」に加えて、「インクルーシヴな」（包摂的な）という形容詞を入れたことであった。この意味について、インド政府はインド太平洋が対立のためのものではなく、協力のためのものであるべきと繰り返し強調している。要するに、かつてのインド太平洋がそうであったような、中国に対抗するための枠組みにすべきではない、という含意であったと考えられている。第二に、東南アジア、要するにASEANを中心に据えたことであった。日本のインド太平洋政策が太平洋側から西を向く形でアフリカにまで展望している（そもそもケニアで発表された）のに対して、インドのインド太平洋政策はインド洋からの東向きの視線であることを留意する必要がある。そして、第三に、後述するように海洋分野にフォーカスしていることである。

　インド政府は翌2019年11月、インド太平洋の原則を具体化するための取り組みとして、「インド太平洋海洋イニシアチブ」を発表した。その後にインド政府が明らかにしたところによると、下記の7つの柱と呼ばれる政策イシュー（政策争点）を、それぞれに主導国を定めて協力を進めることになっている（溜 2022）。

① 海洋安全保障

② 海洋生態系

③ 海洋資源

④ 能力構築と資源共有

⑤ 災害リスクの削減と管理

⑥ 科学技術・学術協力

⑦ 貿易の連結性と海上輸送

これまでに主導国として「インド太平洋海洋イニシアチブ」への参加を決めたインド以外の国々は、オーストラリア、インドネシア、フランス、そして日本であった。日本は、イニシアチブの発表直後から海洋分野の政府間対話で協力を表明し、そして7つめの柱である貿易の連結性と海上輸送の柱で主導国を務めることになった。現時点までに確認できる範囲では、このイニシアチブにおける具体的な協力内容は、共同研究や人的交流などのオープンな、つまりはインクルーシヴなものであり、インド側のインド太平洋政策の原則が示すとおり、排他的な取り組みにはなっていない。

このように公式にはインドのインド太平洋政策の中核に位置付けられている「インド太平洋海洋イニシアチブ」は、中国への対抗策というニュアンスではなく、インクルーシヴな地域協力の取り組みとして構築されている。ただしこのことは、インドが中国に対して友好的であることを意味するものではない。本稿では詳細に踏み入らないが、中国に対する脅威認識を強め、軍事安全保障の協力を日米豪印安全保障協力（いわゆるQUAD）の枠組みなどで進めている。そのようなハードラインの取り組みが一方であり、他方でそれらとは異なるインド太平洋政策が進められているのである。

第4節　韓国のインド太平洋戦略とその受け止め

2016年に日本、2017年にアメリカ、そして2018年にインドがインド太平洋政策（あるいは戦略）を発表するなかでも、韓国はインド太平洋を採用せず、そのことは中国への配慮とみられていた。しかし2022年に発足した尹錫悦政権は、発足当初からインド太平洋政策の検討を進め、同年12月に「自由・平和・繁栄のインド太平洋戦略」として発表した。その内容については他のしかるべき専門家によってカバーされると考えられるため、本稿ではインドがこの戦略をどのように受け止めたの

かについて紹介したい。

　インドの英字紙の報道をみると、インドとの関係強化に資する動きとして歓迎する論調ではあるが、戦略文書においてインドへの言及が穏当なものであるためか、さほど重要な影響を見いだしてはおらず、むしろ日本との関係修復の姿勢や日中間の枠組みを提案していることに注視している（D. Peri, "South Korean Indo-Pacific strategy pitches for enhanced cooperation with India," *The Hindu*, December 28, 2022）。なお、同戦略の英語版において、インドについては下記の一段落を費やしている（p. 17）。

　第一に、価値観を共有するインドとの特別戦略的関係を前進させる。インドは世界第2位の人口規模と最先端のIT・宇宙技術を有し、成長の大きな可能性を秘めている。外交防衛分野のハイレベル交流を通じて戦略的交流・協力を強化するとともに、韓印包括的経済連携協定（CEPA）のアップグレードを通じて経済協力の基盤を強化する。

　インドの東アジア専門家も同様の見方を示している。韓国の前政権が中国への配慮からインド太平洋と距離を取っていたことから変化したことにより、インドとの関係が強化される可能性を示唆しつつも、現状では依然として2018年にインドのアクト・イースト政策と韓国の新南方政策（NSP）の協力を謳った「特別戦略的パートナーシップ」が両国関係の基盤であり、韓国はインドに対する新たな方針を策定する必要があるとしている（Panda and Ahn 2023）。

　韓国とインドの政府間協力は、日韓や日印ほど緊密ではないものの、インド太平洋の枠組みでの関係強化へと実際に動き出している。2023年5月のG7広島サミット、そして同年9月のG20ニューデリー・サミットのサイドラインで尹錫悦大統領とモーディー首相の会談が行われ、まさに韓国のインド太平洋戦略文書で書かれていたように、防衛や経済の

| 図表2 |

インドの貿易相手上位20カ国・地域（2021/22年度；10億米ドル）

順位	国名	輸出	輸入	総額	貿易収支
1	アメリカ	76.11	43.31	119.42	32.8
2	中国	21.25	94.16	115.41	− 72.91
3	アラブ首長国連邦	28.1	44.8	72.9	− 16.7
4	サウジアラビア	8	34	42	− 28
5	ロシア	1	21	22	− 20
6	ドイツ	8.21	13.69	21.9	− 5.48
7	香港	13.7	20.34	34.04	− 6.64
8	インドネシア	4.12	15.06	19.18	− 10.94
9	韓国	4.85	15.65	20.5	− 10.8
10	マレーシア	3.71	9.08	16.93	− 5.3
11	シンガポール	7.72	9.31	16.93	− 1.59
12	ナイジェリア	2.22	9.95	16.36	− 11
13	ベルギー	5.03	8.26	16.33	− 5.29
14	カタール	0.9	9.02	15.66	− 13.55
15	日本	4.66	9.85	15.52	− 4.75
16	イラク	1	10.84	15.08	− 13.42
17	クウェート	1.25	4.97	14.58	− 12.18
18	イギリス	8.83	5.19	14.34	4.3
19	イラン	2.78	6.28	13.13	− 4.78
20	オーストラリア	3.26	8.9	13.03	− 7.47

出典：インド商工業省ウェブサイト

| 図表3 |

21世紀インドの直接投資国・地域別データ
（2000年4月から2023年12月まで累計）

順位	国名	金額（億米ドル）	総額に占める割合（％）
1	モーリシャル	170.9	25.6
2	シンガポール	155.6	23.4
3	アメリカ	63.0	9.5
4	オランダ	46.0	7.0
5	日本	41.5	6.2
6	イギリス	34.8	5.2
7	アラブ首長国連邦	18.0	2.7
8	ケイマン諸島	15.1	2.3
9	ドイツ	14.5	2.2
10	キプロス	13.4	2.0
11	フランス	10.8	1.6
12	スイス	9.9	1.5
13	韓国	5.8	0.8
14	ルクセンブルク	4.8	0.7
15	香港	4.7	0.7
16	スペイン	3.9	0.6
17	カナダ	3.8	0.6
18	イタリア	3.4	0.5
19	サウジアラビア	3.2	0.5
20	ベルギー	2.9	0.4

出典："Quarterly Fact Sheet, Fact Sheet on Foreign Direct Investment (FDI) Inflow, From April 2000 to December 2023," Department for Promotion of Industry and Internal Trade, Government of India, updated on December 2023.

分野での協力推進を確認している（「韓印首脳、防衛装備・EVで連携　経済協力拡大で合意」『日本経済新聞』2023年9月10日）。さらに、2024年3月にインドのS・ジャイシャンカル外相が韓国を訪問して趙兌烈外相との間で6年ぶりとなる外相共同委員会を開催し、この際にはインド太平洋の枠組み共有が強調された[ii]。

　経済関係をめぐり、包括的経済連携協定（CEPA）が2009年に締結され、翌10年に発効しており、さらに改定に向けた交渉が現在も進められている（「韓国・インド、包括的経済連携協定の改定交渉再開で合意」日本貿易振興機構、2022年1月8日）。インドでは、ヒョンデ自動車がマルチ・スズキに次ぐ2位のシェアを獲得するなど韓国企業の進出が積極化しているものの、韓国はインドの貿易相手国としての総額では9位、21世紀に入ってからのインドへの累計投資額では13位であり、貿易・投資は順調に拡大していると言うほどではなく、両国政府はこの拡大を図っている。

第5節　「自由で開かれたインド太平洋」と対中国関係

　インド太平洋と日本、韓国、インドの関係を考えるにあたっては、他の大国との関係も重要になる。とくに、インド太平洋にとっての挑戦であると考えられている中国との関係をどのように捉えるのかという点が焦点となってきた。中国政府の側は基本的に一貫してインド太平洋を否定してきているが、すでに述べてきたように各国のインド太平洋政策は一律に中国への対抗策として規定されるものではなかった。

　「自由で開かれたインド太平洋」以前から、インド太平洋は中国への対抗策として構想されてきた。そもそも外交安全保障の文脈でインド太平洋という言葉が浮上してきたのは、日本による「自由で開かれたインド太平洋」戦略から遡ること6年前、2010年にアメリカのヒラリー・クリントン国務長官による提唱がきっかけであった。クリントン国務長官は、2011年の外交誌論文で論じたところによると、中国を名指しこそしない

ものの、「地域における新たな挑戦」に対応するため、「我々はインド洋と太平洋の接続性の増大をどうやって操作概念に置き換えることができるのか」を問い、その答えとしてインド太平洋という新たな概念を提唱していた（Clinton 2011）。つまり、中国の海洋進出への対抗策としてインド太平洋は構想されたのであった。

　日本政府の「自由で開かれたインド太平洋」戦略も、当初は中国の一帯一路（One Belt One Road）への対抗策という位置づけが明白であった。ただしクリントン国務長官の提起とは異なり、直接的な海洋安全保障上の脅威への対応ではなく、コネクティビティをめぐる戦略として策定されていた。つまり性質が異なっており、その意味では中国への敵対姿勢は弱まっていたと言えよう。実際に日本政府は、「自由で開かれたインド太平洋」戦略を発表したのち、中国政府との本格的な関係改善を目指し、コネクティビティ分野での協力を模索した。2017年に一帯一路への支持を表明し、さらには「自由で開かれたインド太平洋」への中国側の支持をも求めていたとされ、そしてその一環として前述のように2018年に「戦略」から「ビジョン」へと呼称を変更したのであった。コロナ禍がはじまった2019年末から2020年初頭、その対応において日中政府が協調を試みていたことを想起すれば、現在とは異なる当時の状況がわかるだろう。その後は米中対立の先鋭化のなかで、日本の対中関係改善策は頓挫したのである（溜2021）。

　しかし日本の「自由で開かれたインド太平洋」は、軍事安全保障などの領域における中国への対抗策ではなく、あくまでオープンな協力のためのビジョンとして位置付けられている。その点では、インドもまた同様であり、「インクルーシヴ」という性質を強調することにより、中国をインド太平洋から排除しない姿勢を示唆していた。ただし後述するように、2020年ごろから、インドは中国への態度を硬化させている。

第6節　インドにとってのインド太平洋とグローバル・サウス [iii]

　以上、日本、インド、韓国のインド太平洋政策について概観してきた。日印、日韓、韓印という3組の二国間関係がそれぞれにインド太平洋の観点での協力を推進していることは確かであるが、日本や韓国がインド太平洋を対外戦略の柱としているのに対して、インドにとってインド太平洋は様々な枠組みの1つに過ぎない。ここでは、インドの対外戦略の全体像のなかで、インド太平洋と、さらには昨今話題のグローバル・サウスの位置付けを確認したい。

　筆者の持論として、インドの世界認識や対外戦略を3つのレベルに分けて整理している（溜2023b：14）。まず南アジアにおいて、インドは地域の超大国を自認しており、その優位を守ることを目指す現状維持勢力として位置付けられる。最近のモルディヴの例のように、南アジアでも中国の影響力による浸食が進んでおり、とくに中国による現状変革を食い止めることが課題となっているが、以前から中国だけでなく一般に域外勢力によるこの地域への関与にインドは否定的であった。つぎに、おおむねアジア、あるいはインド太平洋地域の範囲と一致するところの、インド外交用語で言う拡大近隣のレベルがある。このレベルでは中国による覇権獲得を阻止することを最大の目標としている。つまりここでもインドは、中国による変革を阻止する現状維持勢力であり、日本やアメリカとこの目的を共有して協力を強めてきた。そして最後に、世界のレベルがある。インドは分離独立以来一貫して、国際政治の「多極化」や「民主化」を掲げ、アメリカを中心とした既存の国際政治秩序への挑戦を試みる現状変革勢力であった。冷戦時代は非同盟運動の連帯、21世紀に入ってからはBRICSに象徴されるロシアや中国などとの新興国連携を基盤としてきた。このレベルではアメリカ中心の秩序を支持する現状維持勢力の日本や韓国とは根本的に立場を異にしており、インドとの協力は特定の個別イシューに限られてきた（溜2024）。

90
政治分野

| 図表4|

インドの対外戦略の構造

	範囲	目標	主要な脅威
地域	南アジア、インド洋	現状維持	中国による自国の覇権への浸食
拡大近隣	ロシアを除くアジア、インド洋沿岸、西太平洋	現状維持	中国による覇権の確立
世界	全世界	現状変革	既存の国際システムによる支配

出典：溜（2023：14）。

　言うまでもなく、インド太平洋は第2の拡大近隣のレベルの枠組みである。現代インドの対外戦略は、地政学的あるいは地経学的観点からの中国への対応が最重要の課題となっており、世界のレベルよりも地域や拡大近隣のレベルが重要となっている。特に2020年の印中国境ガルワン渓谷における衝突以後、インドは対中政策を強硬化させており、アメリカや日本が対中関係を悪化させるのとほぼ時を同じくして、クアッドやインド太平洋の枠組みでの協力強化に踏み出している。ただしインドの対中戦略では、インド太平洋のみではなく、ロシアとの協力も不可欠と考えられている。インドは大陸と海洋の両面で中国の進出に晒されているが、とくに脅威となっているのは大陸側であり、海洋をメインとするインド太平洋での協力枠組みだけで中国への対応が可能であるとは考えられていない。ユーラシア大陸部においては、インド、中国、そしてロシアが3大国であり、インドはこの3カ国の関係においてロシアを敵に回したくないということが、ロシア・ウクライナ戦争後の対ロシア政策においても背景となっている（溜2023a）。つまり、日本がインド太平洋を軸として対中戦略を構想しているのとは異なり、インドは対中戦略の一部としてインド太平洋を捉えている。アメリカなどとの協力によって防衛能力を高めることだけでなく、対中国デリスキング、デカップリ

ングを実現するためにもサプライチェーン構築をインド太平洋に期待しているのである。

　グローバル・サウスはどうだろうか。実はインド政府が、グローバル・サウスという言葉を使いはじめたのは、この言葉が外交の分野で人口に膾炙してしばらく経ってからのことであった。2022年12月にG20議長国としての任期が始まるのに際して、インド政府は突如としてグローバル・サウスの言説を振るいはじめた。翌月にG20不参加国を集めて「グローバル・サウスの声」サミットをオンライン開催するなど、グローバル・サウスの代弁者としてのスタンスでG20議長職に臨み、そして2023年9月のG20デリー・サミットでは困難と思われていた共同声明の取りまとめに成功したのである。

　インド政府がグローバル・サウス戦略を開始した背景に、おもに4つの狙いがあったと筆者は考えている（溜2024）。第一に、2022年12月からのG20議長国としての所信表明で初めて用いたことからもわかるように、直接的にはG7側と中露の分断が深まったことで困難が予想されたG20の議長国としての舵取りが目的であり、グローバル・サウスの声を代弁することで発言力を高めることを狙っていたと考えられる。第二に、ロシアとの関係を維持することへの弁明としての意味があったと考えられる。ロシア・ウクライナ戦争に際してインドは、ロシアへの非難に加わらず、むしろ石油輸入を拡大させるなどして関係を維持していたため、開戦当初数か月は欧米側からロシア非難に加わるように圧力をかけられていた。グローバル・サウスの論理を振りかざすことにより、対露関係の維持を自国の国益のためというだけでなく、戦争や世界の分断で被害を受けているグローバル・サウスの立場を用いることが可能となるのである。第三に、グローバル・サウスにおける中国との主導権争いという側面があった。南アジア・インド洋やアフリカでは以前から両国が経済的関係や外交的影響力を競いあっており、グローバル・サウスの枠組みを用いることでインドがこの争いを優位に進めたい意図があった

と指摘されている（Jacob 2023）。そして最後に、BRICSを基軸としてきたインドの世界外交戦略の方針転換という意味もあった。前述のとおり、2020年の衝突を契機にインドの対中政策はとくに強硬になっているが、それ以前から両国関係の険悪化にともなって利害が一致するはずのイシューでも協力が難しくなっていた。また、ロシア・ウクライナ戦争によってロシアが世界の嫌われ者となったことも、インドにとってBRICS偏重を考え直すインセンティヴになっている。

|図表5|
G20ニューデリー・サミットの構図

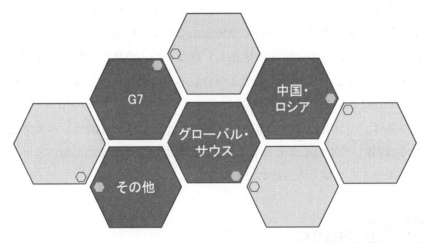

出典：溜（2024：49）

　G20デリー・サミットでは、G7諸国とロシア・中国が隔絶するなかで、インドなどの新興国が中間に位置する構図となった。実現可能性が低いと思われていた首脳共同声明の取りまとめに向けて、議長国インドは、インドネシア、ブラジル、南アフリカの4カ国で作成した声明文書案を一方的に提示し、強引に成立させた（「突然の首脳宣言合意：日本政府関係者「聞いてない」「ふざけるな」」『毎日新聞』2023年9月11日）。

結果的に、G7と中露の間でグローバル・サウスを束ねる形でインドは合意成立に成功した。声明にロシアを非難する文言は無く、ロシア側への配慮の色濃いものであった。G7側が積極的に受け入れたわけではないとしても阻止しなかった理由としては、中国がグローバル・サウスでの影響力を強めることを嫌ってインドの顔を立てたことや、共同声明を発出できなければG20自体が死に体になりかねないとの判断があったと指摘されている（V. Pandey and S. Biswas, "G20: How Russia and West Agreed on Ukraine Language," BBC News, September 10, 2023; S. Haidar, "Summit Without a Declaration would Have Meant Death for the G-20: German Ambassador," *The Hindu*, September 12, 2023）。

このようにグローバル・サウスは、インド外交において現時点（2024年3月）でまだ1年と4か月の歴史しかない新しい動きであり、その位置付けを見定めるのは時期尚早かもしれないが、現状での暫定的な捉え方を示しておこう。筆者による3つのレベルの整理に基づけば、世界レベルの動向として位置付けられる。つまりインドにとってのグローバル・サウスは、インドの対外戦略の中核を成している拡大近隣のレベルではなく、世界レベルのイシューでインドが国益を追求するために用いるツールの1つとして見るのが適切であろう。

第7節　おわりに

インド太平洋地域の国際政治において、日本、韓国、インドの3カ国はインド太平洋という概念を共有するに至った。言葉の問題だけでなく、アメリカの同盟国である日本と韓国、そしてアメリカとの軍事分野での協力を深化させつつあるインドの間には、安全保障上の共通の利益がかつてないほど大きくなっている。この観点においてインドと日韓関係が極めて良好な状況にあることに疑いの余地はない。まずは、「インド太平洋海洋イニシアチブ」などのインド太平洋の下に行われている様々な地

域協力に韓国が加わっていくことができれば、韓国とインド、そして日本やアメリカなどインド太平洋諸国との協力関係に厚みを加えることができよう。

　他方で、グローバルの国際政治においてインドと日韓関係が協調できるかどうかはまだ不透明であるが、協力の可能性は広がったと言える。21世紀に入ってから世界レベルの外交でBRICSを基軸としてきたインドは、中国との関係の険悪化を受けて、BRICSからグローバル・サウス路線へと軸足を移しつつあるように思われる。その意味では、日本や韓国が与する欧米側と、BRICSの対立の構図であった以前と異なり、日本や韓国がグローバル・レベルの問題でインドと協力しうる余地が広がったのは確かである。実際に日本は、主要国のなかで真っ先に、そして現時点では唯一、インドのグローバル・サウスへの協力を申し出ている（溜2024）。国際秩序のあり方をめぐり、日本も韓国も基本的なアメリカ寄りの現状維持勢力ではあるが、ロシア・ウクライナ戦争をめぐってアメリカや西ヨーロッパ諸国ほど極端にロシアと敵対的なスタンスではなく、またパレスチナ・イスラエル戦争に関してもアメリカほどイスラエル寄りの立場ではない。つまりインドはロシア・中国の側から中間寄りにシフトし、日本や韓国もG7側ではあるものの中庸に近い立場にある。

　ただしインドにとってのグローバル・サウスは、決してグローバル・サウス全体を率いてその正義のために戦うものでなく、自国の国益を追求するための方便に過ぎない。実際には、日本や韓国としても、利害が一致するイシューでの個別的な協力を行いうることとなろう。GDP基準でアジアの2位、3位、4位の参加国がグローバルな問題での協調を進めることができれば、機能不全を起こしている世界政治の分断の間で、G20ニューデリー・サミットの構図が示したように、その間をとりもつ役割を果たせるかもしれない。

参考文献

溜和敏（2021）「インドと日本の『インド太平洋』——2007 年から 2018 年まで」田所昌幸編『素顔の現代インド』慶應義塾大学出版会、所収。

溜和敏（2022）「インドの「インド太平洋海洋イニシアティヴ」」日本国際問題研究所ウェブサイト（https://www.jiia.or.jp/research-report/indo-pacific-fy2021–05.html）。

溜和敏（2023a）「インド「グローバル・サウス」外交の展開」『外交』第 78 号、50-55 頁。

溜和敏（2023b）「インド対外戦略の基礎知識——目標、レベル、枠組み、そして G20 サミット」『東亜』第 676 号、12–19 頁。

溜和敏（2024）「現代日印関係におけるグローバル・サウス」『国際問題』第 719 号、46–56 頁。

Clinton, H.（2011）"America's Pacific Century," *Foreign Policy*, October 11, 2011.

Jacob, H.（2023）"How to Thwart China's Bid to Lead the Global South: America Should See India as a Bridge to the Rest of the World," *Foreign Affairs*, December 25.

Panda, J., and C. Y. Ahn（2023）, "South Korea's Indo-Pacific Strategy: Quest for Clarity and Global Leadership," *The Diplomat*, January 16.

Endnotes

i 日本側外務省ウェブサイトによる。この会談に関するインド外務省のウェブサイトの記載にはインド太平洋に関する記述はない。

ii Outcome of 10th ROK-India Joint Commission Meeting（JCM）, Minister of Foreign Affairs, Republic of Korea, March 6, 2024（https://www.mofa.go.kr/eng/brd/m_5676/view.do?seq=322441）.

iii インドの対外戦略やグローバル・サウスに関する本節の記述の一部は溜（2023b）と溜（2024）に基づいている。

米国のインド太平洋戦略と日米韓 3 か国首脳会談

東海大学
西田竜也

第 1 節　はじめに

　バイデン（Joseph Biden）政権が成立してからの 4 年目も後半に入り、今年の大統領選挙が、米国のみならず国際社会の関心となりつつある。バイデン政権の任期が終盤に差し掛かる中、政権の対日政策や対韓政策を米国全体の安全保障や防衛戦略という大きな枠組みの中で振り返ることは、将来の米国のインド太平洋戦略、対日及び対韓政策を考える上でも有益であろう。特に、2022 年 2 月にロシアによるウクライナ侵攻が勃発したことは、米国のインド太平洋戦略のテストケースになりうる可能性を持つ。

　本稿では、米国を中心とする国際秩序が大きな曲がり角を迎えつつあるのではないかという問題意識から、前提として米国中心の国際秩序がどのように変化しているか、具体的には、米国とその同盟国やパートナーの国力がどのように変化しているかをまずは簡潔に明らかにする。

　そして、国際システムの構造的変化が、どのようにバイデン政権の安全保障戦略、国家防衛戦略そしてインド太平洋戦略に関連付けられるかを考察する。特に、これらの戦略文書で対日政策や対韓政策に関連して述べている部分に焦点を当てて分析し、バイデン政権の外交及び安全保障戦略が、具体的にはどのような形で対日及び対韓政策に表れているかを明らかにしたい。

本稿では特に、これからの日米韓の３か国間関係を考える際の一助となるよう、「バイデン政権は日本や韓国に対して具体的に何を期待しているのか」という観点から、日米韓関係の現状と展望を考えることとしたい。

第2節　米国中心の国際秩序と米国の国力の相対的低下[1]

　現在の米国中心の国際秩序は危機に直面していると言われる。周知の通り、米国中心の国際秩序とは、自由と民主主義に基づいた秩序であり、それを制度的に保証するものとして、第二次世界大戦後以降、経済的には貿易と関税に関する一般協定（GATT）、国際通貨基金（IMF）、世界銀行に代表されるブレトンウッズ体制、軍事的には世界中に張り巡らされた米国の同盟システムと在外米軍基地ネットワークを構築してきた。

　このような自由と民主主義に基づく米国中心の国際秩序はなぜ今、危機にあると言われるのか。冷戦の終焉は、ソ連が崩壊したことで、米国にとってはライバルのいない極めて優位な状況を出現させたはずであった。しかし、2010年代頃から米国が覇権的地位を失い、国際政治で力の拡散が生じる「Gゼロ」の国際秩序を予見する研究（ブレマー, 2012）や、中国の台頭を脅威と考え、また、米国自身が自由や民主主義といった価値観を否定するような行動をとり始めたことに対し、警鐘を鳴らす議論が見られるようになった（Ikenberry 2022: pp. 2-4）。こうした議論が意味する１つの現象は、第二次世界大戦後の国際秩序を主導してきた米国自身そしてその同盟国の国力が相対的に低下しているということである。

　まず、経済力を示す一つの指標として最近40年間の実質国内総生産（GDP）の推移を見ると米国の経済力は決して衰退してはいないし、む

1　本節の記述に際しては、拙著「「リベラルな国際主義」の変容と新冷戦2.0」『国際政治』第213号、2024年3月の論文から、一部引用している。米国の国力の相対的低下とリベラルな国際秩序が直面する危機についてより包括的な議論は同論文を参照されたい。

しろ先進国の中では高い成長率を遂げている。以下の図表1を見ると、1981年から2021年までの約40年間で、年平均約2.65％の成長を実現しており、これは先進国としては高い水準であり、ヨーロッパ連合（EU）や日本と比べても高い。ただし、中国はそれ以上に高い経済成長を実現しており、中国の実質GDPは、一時期の二桁成長のような勢いは見られないものの、2021年の実質国内総生産（GDP）は約15.8兆ドルであり、米国（2021年の実質GDPは約20.53兆ドル）の4分の3を超える水準となっている。また、中国のGDP成長率は、2020年には2.2％、2021年には8.1％であり、米国（2020年はマイナス2.8％、2021年は5.9％）より引き続き高い水準を維持している。

|図表1|
主要国GDPの変遷（1981-2021年、2015年を基準、単位十億ドル）

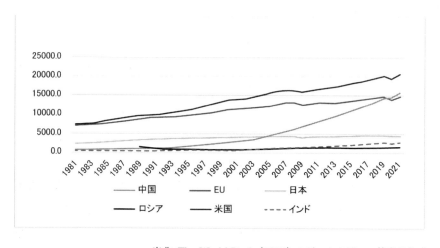

出典：The World Bank (2023) のデータを用いて筆者が作成

しかし、米国のGDPは着実に成長しているものの、相対的には低下している。米国のGDPの世界全体に占める割合は冷戦終焉後、最も高い時で28.6％（1999年）だったが、2021年には23.6％に低下した。一方、

中国のGDPの世界全体に対する割合は1980年代には3%未満に過ぎなかったが、2021年には18.3%と大きく増加した（The World Bank, 2023）。

次に、軍事力のトレンドにつき以下の図表2を見ると、まず中国の軍事支出が近年高い水準で伸びているものの、米国は中国を含む他の主要国よりも依然としてかなり大きな軍事費を支出している。米国の2021年の軍事支出は約7678億米ドルである一方、中国は2700億米ドルで、米国の約35%程度に過ぎない。しかし、この数字は日本の約558億米ドルと比較すると5倍弱の大きさであり、米国を除くアジア太平洋地域にある米国の同盟国の全体の軍事費の合計（約1388億米ドル）[2]の2倍近い数字である。

|図表2|

軍事支出の変化（1988-2021年、2021年を基準単位：十億ドル）

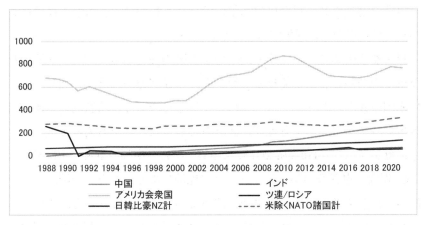

出典：ストックホルム国際平和研究所（SIPRI）のデータを用いて筆者が作成

---

[2] 具体的には、日本、韓国、フィリピン、オーストラリア、ニュージーランドの軍事支出の合計である。

また、中国の軍事費は 2002 年から 2021 年までの 20 年間、実質ベースで年平均 9% 近い伸びを示し、軍事力を急速に拡大している。さらに、軍事支出の GDP に対する割合を 1989 年以降でみると、米国の軍事支出は増減が大きいものの平均すると 4% を超える一方、中国は 2% を超えることはほとんどなく、平均でも約 1.86% であり、中国はあまり無理せず軍事支出を増やしていることがわかる (SIPRI, 2023)。つまり、世界的に見た場合、確かに米国の軍事費は未だに突出しているものの、地域ごとに見た場合その差はかなり小さくなりうるということである。周知の通り、米国はその軍事力を世界に展開しており、東アジアのみならず、欧州や中東にもその兵力を展開している。こうした事情を鑑みると、例えば、インド太平洋地域に限って見ると、米国が同地域に実際に展開できる兵力は自ずと小さくなり、特に、中国との軍事力の差は縮まる。また、上述の通り、中国はその経済力に比してあまり無理せず余力を残して軍事費を増加させており、仮に、中国が対 GDP 比で米国と同程度の割合で軍事費を増加させた場合には米中の差はさらに縮まる、もしくは地域レベルで見た場合には逆転するかもしれない。

　以上をまとめると、まず米国と中国の国力面での差、特に、経済力及び軍事力の差はますます縮まりつつある。経済力では既述の通り、中国は米国の 4 分の 3 を超える水準にまで達しつつあり、冷戦期にソ連が最も多い時でも米国の半分程度の経済力であったことを考えるとその大きさに驚かされる (Tunsjø, 2018, p. 85)。次に、中国の軍事支出は米国の 35% 程度に過ぎないが、インド太平洋地域に限り、また、中国がその経済力に比して低い水準の軍事費に留めていることを鑑みると、その差はかなり縮小する。つまり、米国の経済力や軍事力といった国力は相対的に低下しつつあり、特に、中国と比較した場合の相対的低下が著しいということである。

第3節　バイデン政権の安全保障及び防衛戦略

　それでは、バイデン政権は中国に対する国力の相対的な低下に対して、どのような安全保障及び防衛戦略を採ろうとしているのか。ここではインド太平洋地域での安全保障を中心に、バイデン政権がこれまでに発表した関連する以下の3つの戦略文書を概観する。

1. 国家安全保障戦略（NSS）

　ウクライナ侵攻が勃発した後の2022年10月に、ホワイトハウスは「国家安全保障戦略（NSS)」を発表している。NSS は、米国にとっての主要な脅威としてまず中国を挙げ、次にロシアを挙げるものの[3]、2つの脅威は本質的に異なるとする。具体的には、ロシアはウクライナ侵攻が示すように現在の脅威であるが、中国は自国に有利となるよう国際秩序を中長期的に再編しようとする意思を持ち、その経済的、外交的、軍事的、技術的能力を益々高めて目標を実現しようとしているとする。つまり、比較的安定していたポスト冷戦期は終焉を迎え、次に来るべき秩序を形作ろうと米中国間の競争が現在進行中であるという認識である（The White House, 2022b, pp. 3, 6, 8)。

　次に、米国の戦略目標として「自由で、開かれて、繁栄し、かつ、安全な国際秩序」を挙げ、目標実現のため米国は3つの努力を行うと述べる。まず、米国のパワーと影響力の源に投資し、次に、共通の挑戦を解決できるよう、集団的な影響力を強化し、可能な限り最強の国家間連合を構築するという。さらに、来るべき戦略的競争の時代を想定して、軍事力を近代化し強化するとする。特に、米国が保有する同盟とパートナーシップは、最も重要な資産であり、強固で団結した NATO とインド太平洋地

---

[3] 中国とロシア以外に、より小さな脅威としてイランと北朝鮮にも触れている (The White House, 2022b, pp. 11-12)。

103
米国のインド太平洋戦略と日米韓3か国首脳会談

域の同盟、その他伝統的な安全保障パートナーシップは、侵攻を抑止するだけでなく、国際秩序の強化のために必要な相互協力の基盤であるという（The White House, 2022b, pp. 10-11）。

　米国は 2030 年までに、近代的で多様な核戦力を保有する中露 2 つの核大国を抑止しなければならなくなるという従来にない状況に直面するとし、その鍵として「統合抑止」の考え方を挙げる。これは、これまでのように通常戦力と核抑止だけにはもはや頼れないという認識の下、敵対的な活動に伴うコストは利益を上回ると潜在的な敵に認識させるような切れ目のない能力を結合するという。統合抑止は、相互運用性、能力の共同開発、協調的な兵力配備計画、外交、そして経済アプローチに、同盟国やパートナーと共に投資するとする（The White House, 2022b, pp. 21-22）。

　その上で、NSS は優先順位として、1）中国、2）ロシア、3）科学技術、4）サイバー安全保障、5）自由で開かれたインド太平洋の推進を挙げる。米国の中国に対する戦略は 3 つからなり、まず、競争力、技術革新、強靭性そして民主主義など米国国内の強さの基盤に投資し、次に、米国の政策を同盟国やパートナーと一致させ、さらに、中国と責任を持って競争するという。中国との競争では今後 10 年間が鍵であり、現在が大きな転換点であるとした上で、新疆ウイグル自治区、チベット、香港における人権、自由、自治の侵害などにつき、中国に対し圧力をかけ、説明責任を求めるとする。また、台湾海峡はグローバルな安全保障と繁栄にとり極めて重要であるとし、中国及び台湾によるいかなる一方的な現状変更にも反対し、台湾の独立も支持しないとする一方、台湾の自衛能力を支援し、台湾に対するいかなる武力行使や脅迫に抵抗する能力を維持するという。米国は中国と活発に競争する一方、責任を持って競争を管理するとし、気候変動や感染症対策やマクロ経済問題など共通利益があるところでは中国と協力する用意があるとも述べる（The White House, 2022b, pp. 24-25）。

次に、ロシアはウクライナ侵攻により対中国のみならず、インドや日本といった国に対してもその地位を低下させたとし、エネルギーを武器として用いるやり方は反発を招き、モスクワのソフトパワーと外交的影響力は減少したとする。ウクライナ戦争に対する国際社会の歴史的な反応は、国連憲章の基本原則を踏みにじりつつグローバリゼーションの利益を享受することは決してできないことを示していると指摘する（The White House, 2022b, p. 26）。

3番目の科学技術については、米国とその同盟国の安全保障に対する脅威とならないよう基礎的な科学技術、ノウハウ、データを戦略的競争関係にある国が悪用できないよう、輸出管理や投資審査メカニズムを改めて強化しているという。4番目のサイバー空間での安全保障では、我々の社会がサイバー攻撃による混乱と破壊に益々脆弱になりつつあるとした上で、ロシアなどはサービス供給能力を低下させ、国民を脅すためにサイバー攻撃を仕掛けているという。これに対し米国は、例えばクアッド[4]など、同盟国やパートナーと緊密に協力し、基礎インフラの保全のための基準を定め、サイバー攻撃に対する強靱性を高め、攻撃に対して速やかに対応できる集団的能力を構築するという（The White House, 2022b, pp. 33-34）。

5番目に、インド太平洋地域の将来性は極めて高いことから、この地域ほど米国にとって重要な地域はないとする（The White House, 2022b, p. 38）。自由で開かれたインド太平洋の促進については、ホワイトハウスが別途「インド太平洋地域戦略」という文書を発表しているので、以下の第3節で更に分析する。

2.「国家防衛戦略（NDS）」、「核態勢の見直し（NPR）」、及び「ミサイル防衛の見直し（MDR）」

米国国防省は、「国家防衛戦略（NDS）」、「核態勢の見直し（NPR）」、

---

4 クアッドは日本、米国、豪州、インドの4か国による協力を指す。

及び「ミサイル防衛の見直し（MDR）」の３つの文書を2022年２月に
まとめて発表した。そのポイントは、まずNDSでは、中国を差し迫る脅威、
ロシアを現在の脅威、他に、北朝鮮、イラン、暴力的原理主義者を脅威
と認定する。そして、中国は国際秩序を変革できる意思と経済的、外交
的、軍事的、科学的能力を持つ唯一の競争相手とする点はNSSと同様で
ある。そして、NDSで挙げる防衛優先順位の中には、米国自身、同盟国、
そしてパートナーに対する核攻撃と領域侵攻に対する抑止、特に、イン
ド太平洋地域での中国による挑戦の抑止と欧州でのロシアによる侵攻抑
止が含まれる。また、「統合抑止」の考えを強調しており、中国やロシア
による攻撃への抑止を強化するために相互運用性を高め、合同計画の可
能性を進めるという。特に、インド太平洋地域では、日本と同盟を近代
化し、戦略計画や優先順位を調整し、共同能力を強化するとし、台湾で
はその自衛力を、中国の脅威の程度を見つつ、「一つの中国」政策に反し
ない形で支援するとする。さらに、韓国についてはその防衛能力を向上
し、統合防衛を先導するとする (U.S. Department of Defense (USDOD) ,
2022a, pp. 4-5, 7, 10, 14-15)。

　NPRでは、中国は大幅な核戦力の増強を図っており、2030年末まで
に1000発の核兵器保有を意図している可能性があるとする。また、北
朝鮮による米国やその同盟国に対する核の使用は、到底受け入れられず、
使用された場合は金王朝の終わりを意味することを明確にしている。さ
らに、インド太平洋地域における強固で信頼できる核抑止を実現するた
めに、集団安全保障を強化し、核抑止に関する意思決定につき同盟国と
拡大核抑止協議を行うことが根本的に重要であるとする。特に、この10
年間、日本、韓国、オーストラリアと拡大核抑止に関する協議を行い、
実現可能な段階を重ねてきたとし、重要な目標は３国間（日米韓）や４
国間協議（＋豪州）による情報共有と対話であり、将来的には地域に即
した核抑止政策や作戦計画の作成につなげることとする。つまり、統合
能力が重要な目標であり、それは同盟国の非核能力を活用して、核抑止
の目標を実現することである (USDOD, 2022c, pp. 4-5, 12, 15)。

MDR でも、インド太平洋地域でのミサイル防衛は、日本、韓国、豪州との協力と協働が最も強力であり、訓練や演習も頻繁に行われていると述べている（USDOD, 2022b, p. 10)。

3. インド太平洋戦略

2022年2月にホワイトハウスが発表した「インド太平洋戦略」は、インド太平洋地域が、経済及び軍事の面からも米国にとって重要であり、将来的にも世界の経済成長の3分の2を生み出すと予想されるなど、その重要性は増すばかりだとする。その上で、この地域では豪州に対する経済的脅迫、台湾海峡問題、東シナ海や南シナ海での国際法を無視した活動や人権無視など、中国による大きな挑戦を受けていると指摘する一方、中国との関係では、責任を持って中国との競争を管理し、気候変動や核不拡散の分野では協力を進めるとも述べている（The White House, 2022a, p. 5)。

米国の目的としては、1）自由で開かれたインド太平洋の推進、2）同地域内外との連携構築、3）地域発展の促進、4）地域安全保障への支援、5）国境を越えた脅威に対する地域の強靭性の構築の5つを挙げ、中でも豪州、日本、韓国、フィリピン、そしてタイとの5つの同盟を深化させ、インド、インドネシア、マレーシア、モンゴル、ニュージーランド、シンガポール、台湾、ベトナム、そして太平洋諸国といったパートナーとの関係を強化するという。また、同盟国やパートナー同士の関係、中でも日本と韓国の関係強化を奨励し、これら諸国がリーダーシップを発揮することも歓迎している（The White House, 2022a, p. 9)。

また、地域安全保障を確保する手段として「統合抑止」が鍵となるとし、具体的には領域変更や海洋における主権国家の権利の侵害に対する対抗措置を強化するという。同盟国やパートナー国と相互運用性を高め、先進戦闘能力を配備し、特に豪州、日本、韓国、フィリピン、タイとの同盟を近代化し、インドとは主要防衛パートナーシップを推進し、南アジ

アや東南アジアそして太平洋諸島のパートナーの防衛能力を構築するという。台湾海峡の平和と安定については、地域内外のパートナーとも協力し、「1つの台湾」政策など従来の方針に則り、台湾が自らの将来を平和裏に選択できるようその自衛能力も支援するとする。北朝鮮の核及びミサイル開発問題については、北朝鮮の完全な非核化、人権問題の解決、そして北朝鮮人民の生活状況の改善を目指して、真剣かつ継続的な対話を続けるとする。同時に、この地域における核不拡散の努力を支持する一方、韓国や日本と協力して北朝鮮による挑発に対して拡大抑止を強化し、必要に応じて米国やその同盟国に対する攻撃を打ち負かすと述べている（The White House, 2022a, pp. 12-13）。

　以上の目的を実現するため、今後1、2年をめどに、1）インド太平洋地域への新たなリソースの投入、2）インド太平洋経済枠組み（IPEF）の主導、3）抑止強化、4）ASEAN の強化、5）インドの台頭と地域的リーダーシップへの支持、6）クアッドの促進、7）日米韓3か国間協力の拡大、8）太平洋諸国のパートナーの強靱性の構築、9）グッドガバナンスと説明責任への支援、10）開かれた、強靱で、安全かつ信頼できる科学技術への支援、という10の具体的措置を採るという。中でも、日米韓3か国間の協力拡大についてはその重要性を強調し、北朝鮮問題のみならず、地域開発、インフラ、重要技術、サプライチェーンの強化などについても3か国間による協力を推進し、地域戦略についても3か国間による調整をこれまで以上に追求するとしている（The White House, 2022a, p. 17）

4. まとめ

　以上の戦略文書から見える米国のインド太平洋戦略、中でも日本や韓国に対する安全保障戦略や防衛戦略はおおむね次の通りである。まず、既述の通り、米国と中国の国力の差がかなり縮小しているという現実がある。特に、経済力では中国は米国の4分の3程度にまで迫り、軍事力でもインド太平洋地域に限ってみた場合、米国と中国の差は縮まりつつ

あり、同様の傾向が続けば、今後とも経済力及び軍事力のいずれの面でも両者の差が縮まる可能性が高い。

したがって、このような現実を踏まえ、米国の戦略文書は、中国を将来の主要な競争相手もしくは脅威として捉えている。また、以上の戦略文書に共通することとして、ロシアによるウクライナ侵攻は極めて重大な事件であり、ロシアが現在の脅威であることは疑う余地はないものの、長期的に考えた場合、将来の国際秩序を再編する意思と能力を持つのは中国だけであることを強調する。

このように、米国の戦略文書は、現在、力の面で優位に立つ米国であっても、力を身につけつつある中国と単独で向き合うことは、今後ますます困難になるということを示唆している。よって、以上の戦略文書に共通する特徴として、多国間の枠組みを重視し、中でも、米国がその同盟国やパートナーとの協力や連携をこれまで以上に重視している。インド太平洋地域に限って言えば、近年クアッド、AUKUS[5]、IPEF といった安全保障や経済での多国間の枠組みが増え、NDS では日本、台湾、韓国といった同盟国やパートナーとの協力強化に言及し、NSS や「インド太平洋戦略」でも既存の同盟国やパートナーとの連携強化を強調していることは既述の通りである。

つまり、中国との関係で、米国が経済力及び軍事力の面で圧倒的な優位性を保つことがかつてないほど難しくなり、中国が国力の面で追いつきつつある現状を踏まえ、米国はこれまで以上に多国間方式、および同盟国やパートナーとの協力や連携の推進といったアプローチを重視する戦略に移行しつつあるのである。

それでは、最近行われた日米韓首脳会談とその成果は、このような米国の戦略の中でどのように位置づけられるのか以下で考えてみたい。

---

5 AUKUS とは豪英米三国間安全保障パートナーシップのこと。

| 第4節 | 日米韓3か国首脳会談の意義と課題 |

　2023年8月に日米韓3か国の首脳は、米国のキャンプ・デービッドで会談し、その成果を「キャンプ・デービッド原則」、「共同声明「キャンプ・デービッドの精神」」、「日本、米国及び韓国間で協議するとのコミットメント」として3つの文書にまとめる形で発表した。この会談の大きな特徴は、中国を念頭に置きつつ日米韓が協力する領域を大幅に拡大したところにある。安全保障に関する日米韓3か国の枠組みはこれまでもあったが、北朝鮮、中でも安全保障問題に焦点を当てていたが、今回の首脳会談では朝鮮半島だけではなく、中国を意識したインド太平洋地域を包含する3か国協力という幅広いものである。また、安全保障のみならず経済、金融等の問題も含むようになったことも特徴である。以下では、まず今回合意された内容のポイントを分析し、その意義と課題について検討する。

1. 今回の首脳会談で合意された内容とその意義

　まず、「キャンプ・デービッド原則」では、日米韓3か国が、「インド太平洋国家として、国際法の尊重、共有された規範及び共通の価値に基づく自由で開かれたインド太平洋を引き続き推し進める」かつ、「力又は威圧によるいかなる一方的な現状変更の試みにも強く反対する」として、日米韓3か国安全保障協力の目的として、地域全体の平和及び安定の促進と強化を謳うなど、3か国協力が朝鮮半島を超え大きく広がっている（外務省, 2023a）。

　そして、共同声明では、1）少なくとも年に一度、対面での日米韓首脳会合の実施、2）日米韓の外務大臣、防衛大臣、経産大臣、国家安全保障局長が少なくとも年に一度、日米韓3か国会合を行うこと、3）局長もしくは次官補級によるインド太平洋に関する対話を年に一度は行うこと、4）東南アジア及び太平洋島嶼国に対する、海上保安及び海上法執行に関す

る能力構築のため、日米韓の協力枠組みを立ち上げること、5）日米韓3か国共同訓練を複数領域で毎年実施することを含む共同訓練計画の策定、6）北朝鮮のミサイル警戒データをリアルタイムで共有するためのメカニズムを本年末までに運用開始すること、7）サプライチェーン早期警戒システム（EWS）を試験的に立ち上げ、重要鉱物、蓄電池などの優先物資を特定した上で、重要なサプライチェーンに混乱が生じた場合に、3か国で迅速に情報共有を行うためのメカニズムを構築することなど、地域的にも、分野的にもこれまでよりも協力の内容や範囲が大幅に拡大している（外務省, 2023b）。

さらに、「日本、米国及び韓国間の協議するとのコミットメント」という文書では、日米韓3か国が、共通の利益および安全保障に影響を及ぼす地域の挑戦、挑発及び脅威に対する3か国の対応を連携させるため、3か国の政府が相互に迅速な形で協議することにコミットし、情報共有を行い、対応を連携させるとした。日米韓3か国がこれまで以上に緊密かつ迅速に協議して対応する意図を明確にしている（外務省, 2023c）。

▌2. 日米韓3か国首脳会談と米国の戦略的意図

日米韓3か国首脳会談及びそこで合意された内容は、第3節でみた米国の様々な戦略文書と首尾一貫したものであることが理解できよう。まず、NSS、NDS、そして「インド太平洋戦略」のいずれの文書でも、インド太平洋地域の重要性、特に中国を将来における主要な脅威として挙げており、日米韓3か国首脳会談で合意された事項の多くも中国を念頭に置いたものである。

次に、米国の外交及び防衛戦略では、日韓間、及び日米韓の3か国協力が強調されている点である。具体的には、「インド太平洋戦略」では日韓関係の改善を奨励し、日米韓3か国協力を幅広い分野で進めること謳っている。また、NPRでも拡大抑止に関する将来の重要な目標として、日米韓3か国による情報共有と対話を進め、地域に即した核抑止政策や作

戦計画の作成を挙げている。これらは、今回の3か国首脳会談の方向性と一致するものである。

3. 今後の課題

　しかし、今回の3か国首脳会談では課題が残されていることも指摘しておきたい。まず、日米韓の協力、特に軍事協力が具体的に何を行い、どこまでの協力を目指すのかは必ずしも明らかではない。例えば、サリバン（Jacob Sullivan）国家安全保障担当大統領補佐官は、将来的に日米韓3か国による相互防衛協定を目指すのかと問われた際に、明確な目標は設けていないと回答し、集団防衛を定める北大西洋条約機構（NATO）のような仕組みに発展させる可能性を否定したとされる（「米、対中抑止へ結束迫る」『日本経済新聞』2023年8月20日）。

　また、ウクライナ戦争によりインド太平洋地域での有事、特に台湾有事に対する関心や懸念が高まっているが、例えば台湾有事の際に日米韓はそれぞれどのような役割を果たしどの程度の協力を行うかは今後の課題である。特にこれまで北朝鮮に対する対応を中心に考えてきた韓国が、台湾有事の際にどのような役割をどの程度の規模で果たすのかなどは、今後の大きな課題となり得るであろう。また、日本についても、憲法上の制約がある中、台湾有事の際にどこまで自国の防衛を超えた協力を行うのか、また、行うことができるのかは重要な検討課題である。

　また、核の拡大抑止に関する協議についても課題が残る。米国と韓国は本年4月の首脳会談で核抑止のため新たな協議機関として「米韓協議グループ（NCG）」を設置することとし、尹錫悦大統領は5月の日韓首脳会談後の会見で、日韓はともに北朝鮮の核の脅威にさらされており、NCGへの日本の参加を「排除しない」と述べたものの、被爆国である日本側には核抑止に対する難しい国民感情があるのも事実である。実際、日本政府は米国による「核の傘」の重要性を認識しており、核抑止に関する2国間協議も米国と10年以上にわたり続けているものの、拡

大抑止につき公の場で声を大にして議論することはなかなか難しいという事情がある（「「核の傘」思惑にズレ－日米韓首脳会談が残した宿題－」『日本経済新聞』2023年8月22日）。拡大抑止について、より実効性の高い生産的な議論を行うためには、一定の説明責任を果たしながら3か国間の協議を進めていくことが重要であるが、そうした議論が特に日本において果たしてどの程度可能かは引き続き検討課題となる。

第5節　おわりに

　米国や中国の国力の変遷を概観し、両国の国力差が経済面及び軍事面のいずれにおいても縮小しつつある現状を踏まえ、米国の戦略文書が同盟国やパートナーとの協力や連携をこれまで以上に重視し、政治、経済、軍事いずれの面で、多国間での連携、特に米国の同盟国やパートナーとの協力関係を強化し、深化させようとしているのはある意味当然である。本年8月に開催された日米韓3か国による首脳会談もこうした戦略に沿ったものである。

　しかし、今回の日米韓3か国首脳会談及び会合で合意された内容は、これまで行われてきた日米韓3か国による枠組みとはかなり異なる点には注意する必要がある。既述の通り、以前の日米韓3か国による話し合いが主として北朝鮮に関わるものであり、その内容も核やミサイル開発などの軍事安全保障問題が中心であったのに対し、今回の3か国首脳会談で合意された内容は、軍事安全保障以外にも幅広く政治、経済、金融、科学技術そして女性のリーダーシップなども含む極めて広範なものだからである。その意味で、日米韓3か国の協力関係は新たな段階へと移ったと言える。

　他方で、日米韓3か国間協力が今後具体的にどのように進めるかにつき、課題も明らかになった。例えば、これまで米韓同盟は、これまで基本的に北朝鮮を念頭に置いたいわゆる局地同盟としての役割を主に果た

してきた。中国の台頭やウクライナ戦争による東アジア地域安全保障の不安定化もあり、今回の日米韓3か国首脳会談では、尹政権は朝鮮半島問題を超えてより広い地域安全保障に積極的に関わろうとする姿勢を見せた。しかし、米国がその戦略で中国を主要な脅威として捉えていること、韓国にとっては北朝鮮に関わる諸問題が引き続き重要課題であること、そして、中国が北朝鮮に持ちうる影響力の大きさを鑑みると、尹政権が日米韓3か国間協力を進めることが難しい場面が出てくる可能性もある。

　また、既述した通り、日本側では拡大抑止の問題をよりオープンな形で議論することが「被爆国」としての経験から難しい状況もある。北朝鮮を中心に、核開発やミサイル開発問題に対して効率的かつ効果的に対処し、日本国民の理解を深めるためにも、拡大抑止についてもオープンな議論が必要である。

　その意味でも、今後日米韓3か国間協力が実際にどう進むかは、未だ明確ではないところも多く、今後具体的にどのような措置がとられ、活動が行われるか注視する必要がある。

114
政治分野

参考文献

外務省（2023a）「キャンプ・デービッド原則」8 月 18 日（https://www.
mofa.go.jp/mofaj/files/100541769.pdf 2023 年 8 月 25 日閲覧）

外務省（2023b）「日米韓首脳共同声明「キャンプ・デービッドの精神」」8
月 18 日（https://www.mofa.go.jp/mofaj/files/100541771.pdf 2023 年 8
月 25 日閲覧）

外務省（2023c）「日本、米国及び韓国間の協議するとのコミットメン
ト」（https://www.mofa.go.jp/mofaj/files/100541773.pdf 2023 年 8
月 25 日閲覧）

ブレマー、イアン（2012）『「G ゼロ」後の世界：主導国なき時代の勝
者はだれか』北沢格訳、日本経済新聞社

Ikenberry, G. John（2020）A World Safe for Democracy: Liberal
Internationalism and the Crises of Global Order. New Haven: Yale
University Press.

Stockholm International Peace Research Institute（SIPRI）, "SIPRI Military
Expenditure Database"（https://www.sipri.org/databases/milex 2023 年
8 月 15 日閲覧）

Tunsjø, Øystein（2018）The Return of Bipolarity in World Politics: China,
the United States and Geostructural Realism, New York: Columbia Univ.
Press.

U.S. Department of Defense（USDOD）（2022a）"National Defense
Strategy of the United States" Oct.（https://media.defense.gov/2022/
Oct/27/2003103845/-1/-1/1/2022-NATIONAL-DEFENSE-

STRATEGY-NPR-MDR.PDF 2023 年 8 月 1 日閲覧)

USDOD（2022b）"The 2022 Missile Defense Review" Oct.（https://media.
defense.gov/2022/Oct/27/2003103845/-1/-1/1/2022-NATIONAL-
DEFENSE-STRATEGY-NPR-MDR.PDF 2023 年 8 月 1 日閲覧)

USDOD（2022c）"The 2022 Nuclear Posture Review" Oct.（https://media.
defense.gov/2022/Oct/27/2003103845/-1/-1/1/2022-NATIONAL-
DEFENSE-STRATEGY-NPR-MDR.PDF 2023 年 8 月 1 日閲覧)

The White House（2022a）"Indo-Pacific Strategy of the United States" Feb.
2022（https://www.whitehouse.gov/wp-content/uploads/2022/02/
U.S.-Indo-Pacific-Strategy.pdf 2023 年 8 月 1 日閲覧)

The White House（2022b）"National Security Strategy（NSS）" Oct. 2022
（https://www.whitehouse.gov/wp-content/uploads/2022/10/Biden-Harris-
Administrations-National-Security-Strategy-10.2022.pdf 2023 年 8 月 1
日閲覧)

The World Bank（2023）"World Bank Open Data"（https://data.worldbank.
org/ 2023 年 8 月 15 日閲覧)

インド太平洋時代における日韓関係へ

同志社大学
浅羽祐樹

第1節　日韓関係の改善

1. 尹錫悦大統領の決断による「現状」変更

2010年代、「史上最悪の日韓関係」と形容されていた「現状（the status quo）」を変えたのは尹錫悦大統領の政治的決断である。日韓「慰安婦」合意の反故／被害者中心アプローチの欠如、自衛隊に対するレーダー照射／自衛隊機による低空威嚇飛行問題、輸出管理措置／輸出規制、相互に国民感情の悪化など、全方位にわたる「多重複合骨折（compound fracture）」（申珏秀・元駐日韓国大使の米国ワシントン・ポスト紙とのインタビュー、2019年2月9日）の「元凶」は、旧朝鮮半島出身労働者／強制動員被害者（以下、徴用工）問題だったが、尹大統領は2023年3月6日に韓国政府の責任で解決するという方案を示した。

それは、大法院（韓国最高裁）で日本企業の敗訴が確定し、「マジノ線」と言われていた現金化（資産売却）が切迫していたなかで、韓国政府傘下の「日帝強制動員被害者支援財団」（理事長・沈揆先）から資金を供出するという「代位弁済」というスキームであり、日本企業の呼応措置を期待するとはしつつも、前提にしない「画期的なイニシアティブ」だった。

事実、同財団や外交部の説得の甲斐あって、当時判決が確定していた原告15名のうち11名の「当事者」が同スキームによる解決に応じた。もちろん、同スキームを受け入れない当事者もいるし、進歩派・「共に民

主党」支持層だけでなく、中道・無党派層も含めて、韓国世論の過半数（59%）は批判的であり、特に日本企業の呼応措置が何もともなわなければ「免責」することになり、大法院判決の趣旨に反するとみている（韓国ギャラップ世論調査2023年3月第2週、2023年3月10日）。

　一方、日本政府はこの決断を評価するとともに、わずか10日後の同月16日に尹大統領の訪日を受け入れ、2011年12月以降、実に12年ぶりの単独の目的で相手国を訪問する日韓首脳会談の開催につながった。日本世論の過半数（63パーセント）は会談を評価した一方で、韓国政府が示した解決方案で徴用工問題が「解決するとは思わない」という冷めた見方が68パーセントで、「解決すると思う」はわずか21パーセントにとどまる。特に、自民党や日本維新の会の支持層など保守派に慎重な回答が多い（日本経済新聞による世論調査、2023年3月27日）。

2.「自由守護」の「パートナー／同志国」

　尹錫悦大統領の対日認識は確固たるものであり、2022年5月10日の就任以来、一貫している。特に、第78周年光復節（2023年8月15日）の演説において示された日本の位置づけは画期的である。「日本はいまやわれわれと普遍的価値を共有し、共同の利益を追求するパートナーです。韓日両国は安保と経済の協力パートナーとして未来志向で協力・交流しながら、世界の平和と繁栄に共に寄与していけるのです。特に、朝鮮半島や域内において韓米日の安保協力の重要性が日増しに高まっています」（韓国・大統領室ウェブサイト「第78周年光復節慶祝辞」、傍点による強調は引用者に拠る、聯合ニュース日本語版ウェブサイト「「光復節」記念式典の尹錫悦大統領演説全文」を参照した）という箇所も前年の「隣人」より「格上げ」されていて、岸田文雄政権が2022年12月に策定した国家安全保障戦略において韓国を「同志国」として位置づけたことに呼応している。

　何より、その直後の「北朝鮮の核とミサイルの脅威を源泉から遮断す

るには韓米日３カ国間での緊密な偵察資産協力と北朝鮮の核・ミサイル情報のリアルタイム共有が必要です。日本が国連軍司令部に提供する７カ所の後方基地は、北朝鮮の韓国侵攻を遮断する最大の抑止要因になっています。北朝鮮が侵攻する場合、国連軍司令部が自動的かつ即時的に介入して報復することになっており、日本の後方基地はそれに必要な国連軍の陸海空戦力が十分に備蓄されている場所です。国連軍司令部は「一つの旗の下」で大韓民国の自由を固く守るため核心的な役割を果たしてきた国際連帯の模範です」（同上）という言及は、朝鮮戦争期も、現在も、日本はもはや「抗日」の対象ではなく、「自由韓国」守護のためのベース（基地／礎石）であるというパラダイムシフトを如実に物語っている。

いまや日韓両国は、ルールと規範に基づくリベラルな戦後国際秩序（Ikenberry 2018；Jervis et al 2023）がユーラシアの東西で根底から挑戦を受けるなか、新たな「戦前」「最前線」になることを予防・抑止するべく、自由守護という「一つの旗の下」で連携を強めていくパートナー／同志国なのである。

3. 韓国人原爆犠牲者慰霊碑への合同慰霊

徴用工問題に関して日本側の直接の呼応措置はなく、日韓財界が設立した「日韓パートナーシップ基金」への資金供出も2024年9月現在、当該日本企業からはおこなわれていない。とはいえ、何も goodwill gesture がなかったわけでは決してない。

岸田文雄首相は尹大統領の訪日から52日後の5月7日に訪韓し、「シャトル外交」を復活させた。日韓首脳会談後の共同記者会見の場で、岸田首相は徴用工問題について、「私自身、当時の厳しい環境のもとで、多数の方々が大変苦しい、悲しい思いをされたことに心が痛む思いだ」（日本経済新聞ウェブサイト「岸田首相「元徴用工問題、心が痛む」　日韓首脳が会見」2023年5月7日）という心情を率直に吐露した。「心が痛む」というのは、日韓「慰安婦」合意（2015年12月28日）後に安倍晋三

首相（当時）が朴槿恵大統領（当時）に語った文言そのものであり（産経新聞ウェブサイト「「心からお詫びと反省」 安倍首相が日韓首脳電話会談で表明」2015年12月28日）、政権基盤が盤石でない岸田首相としては最大限踏み込んだものである。

次いで、岸田首相は自らがホストを務めるG7広島サミットに尹大統領を招待するとともに、超多忙なスケジュールのなか、同月21日に韓国人原爆犠牲者慰霊碑に日韓首脳が共に献花をおこなった。韓国大統領による慰霊は今回が初めてであり、日本も小渕恵三首相（1999年8月6日）以降、実に23年ぶりである。

慰霊碑には「第二次世界大戦の終り頃、広島には約十万人の韓国人が軍人、軍属、徴用工、動員学徒、一般市民として在住していた。1945年8月6日原爆投下により、2万余名の韓国人が一瞬にしてその尊い人命を奪われた。広島市民20万犠牲者の1割に及ぶ韓国人死没者は決して黙過できる数値ではない」（傍点による強調は引用者に拠る）と刻まされている。

こうの史代著『この世界の片隅に』というマンガでも、終戦を迎えた日に、広島の市中で太極旗が翻っている様子を不意に目の当たりにした主人公のすずは、「…ああ」「暴力で従えとったいう事か」と気づき、「うちも知らんまま死にたかったなぁ…」と大泣きするシーンが描かれている。生き延びたすずも、わたしたちも、なぜ広島にそもそも韓国人／朝鮮人がいたのかを知っているし、知らないといけない。

第2節 戻ってきた「日米韓」安保連携

1. 対北朝鮮「共同訓練」

日韓関係の正常化を受けて、「日米韓」連携にも弾みがつき、初めてその目的だけの日米韓首脳会談（2023年8月18日）がワシントンDC郊外のキャンプ・デービッドで開催され、「キャンプ・デービッド原則」、

「キャンプ・デービッド精神」、「協議するとのコミットメント」という3つの文書を発出した（外務省ウェブサイト「日米韓首脳会合及びワーキング・ランチ」2023年8月18日）。これにより、日韓は依然として「フォーマルな」同盟ではないものの、日米韓「バーチャル」三国同盟の出帆が高らかと謳われた[1]。

　直接的な契機となったのは、もちろん、南北首脳会談（2018年4月、同年5月、同年9月）や米朝首脳会談（2018年6月、2019年2月）は「失敗」だったという米韓両国における「前政権の政策レビュー」と並行しつつ、この間、北朝鮮の核・ミサイルの脅威が飛躍的に向上したことである。北朝鮮の金正恩国務委員長に「非核化」の意思がないことはいまや明々白々であり、多種多様なミサイル発射と相俟って、日米韓それぞれに対する攻撃用であることは疑問の余地がない。そのなかで、日米韓3か国は、さらなる挑発・暴走への抑止力と、いざ有事の際の即応力を、それぞれの能力及び協力を強化・統合することを確約した。

　特に、「毎年、名称を付した、複数領域に及ぶ三か国共同訓練を定期的に実施する意図を有することを発表する」（「キャンプ・デービッド精神」外務省「仮訳」、p.1）と同時に、「ミサイル警戒データのリアルタイム共有のための技術的能力を試験するための初期的措置を実施した」（同上、p.2）と明記した。後者は、日韓GSOMIA（軍事情報包括保護協定）を正常化し、特に自衛隊機に対するレーダー照射／自衛隊機による低空威嚇飛行問題で相互不信に陥った国防当局同士の関係（mil-to-mil relations）の核心であるため、「信頼醸成」を丁寧に積み重ねていく必要がある。海上だけでなく、空域での共同訓練や図上シミュレーションの

1　ヴィクター・チャはかつて「日韓関係」について "quasi-alliance" と形容し（Cha 1999）、日韓両国ではそれぞれ「擬似同盟」「類似同盟（유사동맹）」と訳出されたが、今回の日米韓首脳会談について聯合ニュースとのインタビューで「日米韓3か国同盟の香りがする（the aroma of a trilateral alliance）」と答えている（Yonhap News ウェブサイト、2023年8月19日）。

共同実施など、日米韓安保連携を実質化していくことが、「いざ有事における共同オペレーション」時の相互運用性（interoperability）を担保する。

また、「我々は、北朝鮮の核・ミサイルの脅威に対抗するため、強化された弾道ミサイル防衛協力を追求することにコミットしている」（同上、p.2、傍点による強調は引用者に拠る）とプノンペン声明（外務省ウェブサイト「日米韓首相会談」2022年11月13日）よりワーディングが強まった。この間、日本政府は「反撃能力の配備」に着手したが、尹大統領は「理解」を超えて、事実上「支持」を表明している。

2. 対中国「認識ギャップ」

尹大統領が国賓訪米し、実施された米韓首脳会談（2023年4月）で採択された共同声明（米国ホワイトハウス・ウェブサイト、2023年4月26日）では、「台湾海峡の平和と安定の重要性を再確認する」とは明記されているものの、「中国」を名指ししていない。ところが、「キャンプ・デービッド精神」において日米韓3か国は「中国」を名指しした上で、「インド太平洋地域の水域におけるいかなる一方的な現状変更の試みにも強く反対する」（前掲「仮訳」、pp.2-3）と同時に、「我々は、国連海洋法条約（UNCLOS）に反映された航行及び上空飛行の自由を含め、国際法への我々の確固たるコミットメントを改めて表明する。南シナ海仲裁裁判における2016年7月の仲裁判断は、同仲裁手続の当事者間の海洋紛争の平和的解決のための法的基盤を提示する」（同上、p.3）と言及の水準を強めた。

とはいえ、依然として、日米両国と韓国の間には、それぞれのインド太平洋戦略／国家安全保障戦略における「中国」の位置づけが、看過できないほど異なる。日米両国は基本的に同じスタンスであり、「これまでにない最大の戦略的な挑戦」（内閣官房ウェブサイト「国家安全保障戦略について」2022年12月16日；「国家安全保障戦略」別紙p.9）、「国際秩序をプラットフォームごと自らに有利になるように作り直す意図と

そうするだけの経済・外交・軍事・技術面における、ますます伸長する能力を有する唯一の挑戦者である」(米国ホワイトハウス・ウェブサイト「国家安全保障戦略」2022年10月、p.23) という評価である。一方、韓国は、「グローバル中枢国家 (global pivotal state)」を掲げる尹政権になって初めて「自由・平和・繁栄のインド太平洋戦略」を策定 (韓国・外交部ウェブサイト「「自由・平和・繁栄のインド太平洋戦略」2022年12月28日) した。それまで「朝鮮半島」「北東アジア」に限定した地域構想しか持ち合わせていなかった韓国政府が初めて「北太平洋 (North Pacific)(日中＋カナダ・オーストラリア)」「インド洋沿岸アフリカ (African Coast of the Indian Ocean)」に及ぶグローバルな国家戦略を示したのは画期的であり、「普遍的価値とルールに基づいた秩序の構築」において、「意志と力量」に見合った役割を果たすと闡明(せんめい)している (韓国語版、p.33)。同時に、「経済成長に対して輸出の寄与度が高い開放型通商国家」(同上、p.5) という "open small economy" という自己規定もみられるなか、とりわけ「輸出入の寄与度が高い」中国に対しては、「インド太平洋地域の繁栄と平和を達成する上で主要な協力国家である中国とは、国際的な規範とルールに立脚し、相互尊重と互恵主義を基盤にした共同の利益を追求しながら、より健全で成熟した韓中関係を構築していく」(同上、p.12) と、明らかに日米とはトーンが異なる。

「台湾海峡有事は日本有事である」と予言めいた遺言を図らずも残した安倍晋三元首相の認識が日本では朝野で広く共有されている一方で、韓国では台湾海峡有事において、「中南海」からすると、烏山(オサン)は嘉手納・岩国と同時にまず断ち切るべき「後方支援」のベースであり、西太平洋 (Western Pacific) における対米優位を支える「接近阻止・領域拒否 (Anti-Access/Area Denial：A2AD)」戦略の要であることが依然として理解されていない (北岡 2021；高橋 2022；高橋 2023a；高橋 2023b；岩田・武居・尾上・兼原 2023)。

3. ユーラシアの東西を俯瞰する「戦略眼」の共有

　岸田首相も尹大統領もリトアニアの首都ビリニュスで開催された NATO（北大西洋条約機構）首脳会談（2023 年 7 月 11-12 日）に、オーストラリア・ニュージーランドの首脳と共に IP4（インド太平洋パートナー）の一員として 2 年連続で出席した。いまや、「インド太平洋」と「北大西洋」の連携はますます重要になっているということである。

　ユーラシアの西側では、国連安保理常任理事国で核保有国のロシアが 2022 年 2 月にウクライナを全面的に侵略して以来、ブチャにおける虐殺など反人道的行為を含めて、これ以上ない露骨な一般国際法・国際人道法違反を続けているにもかかわらず、国連安保理では非難決議ひとつ採択できず、NATO をはじめ国際社会も「非同盟国」ウクライナに対する支援を段階的に強めているものの、全面核戦争へのエスカレーションを怖れるあまり、一定の制約が課せられるというディレンマから抜け出せないでいる（Roberts 2015）。

　ユーラシアの東側でも、北朝鮮の核・ミサイル開発の進展について、国連安保理で非難決議を採択したのは第 2397 号（2017 年 12 月 22 日）が最後であり、それ以来 7 年近く、中ロが反対に回るなかで、日米韓は独自制裁を科すしかない状況が続いている。

　「ウクライナは明日の東アジアかもしれない」と岸田首相は持論を改めて繰り返し（外務省ウェブサイト「岸田総理大臣の NATO 首脳会合出席（結果）」2022 年 6 月 29 日）、尹大統領は「北朝鮮の大陸間弾道弾ミサイルは、ビリニュスはもちろん、パリ・ベルリン・ロンドンまで打撃できる実質的な脅威」（韓国・大統領室ウェブサイト「NATO 同盟国・パートナー国首脳会談尹錫悦大統領の発言文」2023 年 7 月 12 日）であり、「自由韓国が朝鮮国連軍の支援によって主権を守護し、その後、「漢江の奇跡」を成し遂げたように、ウクライナも国際社会の支援によって領土を保全し、「ドニエプル川の奇跡」「復興」を果たしてほしい」（韓国・大統領室ウェブサイト「韓国・ウクライナ共同記者会見発言文」2023 年 7 月 15 日）

と韓国首脳ならではの訴求をおこなった。奇しくも、2023年7月11日に、北朝鮮はこれまででもっとも飛行時間の長い「火星18（固体燃料型の大陸間弾道ミサイル）」の発射に成功した。

　ユーラシアの東西を俯瞰する「戦略眼」だけでなく、過去と現在と将来をつなげる透徹した「歴史観」が政治リーダーには欠かせず、それによって「国民の生命及び財産」はもちろん、ルールと規範に基づいたリベラルな戦後国際秩序が「一方的な力の行使」によって覆されそうになっているなかで守護できるかが問われている。ウクライナはすでに「戦中」だが、「2024年・東アジア」は「戦前」かもしれず、サイバーや認知領域ではすでに「最前線」である。第25回世界スカウトジャンボリーが2023年8月に韓国で開催されたが、スカウト（scout）の原義は「斥候」であるし、そのモットーは「備えよ、常に（Be prepared）」である。

第3節　「関係改善」持続の課題

1. 政権交代による政策基調の大変更

　「日米韓」連携は「テポドン・ショック（1998年8月31日）」を受けて1999年4月に始まった「TCOG（Trilateral Coordination and Oversight Group：監督・調整グループ会合）」以降、何度か「制度化」が試みられたが、別の枠組みに吸収・統合（6者会合）されるなどして、独自の枠組みとしてはこれまで持続されることがなかった。今回、日米韓首脳会談で発出された3つの文書である「原則」「精神」「協議するとのコミットメント」は、首脳だけでなく、外相・防衛相・国家安全保障局長・財務相など各レベルで年に1回は会合を定例化し、パートナーシップを各領域で深化させていくと確約した。キャンプ・デービッドの後は、韓国・鶏龍台（韓国軍の陸海空三軍統合本部の所在地）、日本・横田（朝鮮国連軍後方司令部の所在地）と続くとシグナルは明確だろう。

　制度化にとって最大の挑戦は政権交代とそれにともなう政策変更であ

る。もちろん、日米韓3か国は民主国家であるため、政権交代自体はいつ、どこで起きても不思議なことではないが、内政はともかく、外交安保政策は党派を超えて政策基調、国家戦略の骨格が維持されることが望ましい。米国のバイデン大統領は尹大統領就任直後におこなわれた米韓首脳会談（2022年5月）において、"The buck stops here."と記された木製のプレートを贈ったが、それがいちばん問われているのは米国である。

2024年11月におこなわれる米国大統領選挙において、共和党のトランプ元大統領が再選される可能性がある。もしトランプ新政権が1期目（2017〜21年）と同じように、同盟の存在価値自体に対して「取引」の対象とみなすアプローチをとると、「日米韓」「日米」「米韓」だけでなく、米国のインド太平洋戦略・国家安全保障戦略も根底から挑戦に直面する。

韓国も同様で、2027年3月におこなわれる大統領選挙において、進歩系政党の候補者、特に「共に民主党」の李在明代表が当選すると、「日米」と「中ロ」との間で「均衡外交」を図ると同時に、「南北朝鮮関係」を独自に進展させようとする可能性が高い。

こうしたなか、「蝶番」を果たせるのは日本だけである。派閥力学と支持率の関係で、次期自民党総裁選挙（2024年9月）で岸田首相に代わって誰が選出されても、さらに、仮に次期衆院選（任期満了は2025年10月）の結果、連立の組み替え（国民民主党や日本維新の会の政権参加）を余儀なくされたとしても、外交安保政策の基調、なにより国家安全保障戦略が変わるとは思料されない。

2. 徴用工問題の再発という「悪夢」

「日米韓」連携につながった「日韓関係の正常化」は、そもそも、徴用工問題という「棘」をまず抜くという、ひとえに尹大統領の政治的決断に拠るところが大きい。前述のとおり、代位弁済スキームを受け入れたのは、当初、大法院で確定した原告15名のうち11名であり、7割以上の「当事者」が該当する。しかし、残りの4名と下級審に係留中のケー

スに関しては、供託金を法院（裁判所）に預けることで解決できると当初外交部は有権解釈していたが、下級審が原告の同意がないとして供託金の受理を相次いで拒んでいる。さらに、その後、大法院で確定した原告が増え、代位弁済を担っている財団の資金も枯渇するという。

　韓国民法では、「債務の弁済は第三者もおこなうことができる。しかし、債務の性質又は当事者の意思表示によって第三者の弁済を許容しないとする時はおこなえないものとする」（第 469 条第 1 項）と明示されているため、大法院まで争われたところで、文理解釈する限り、反対の意思を明確にしている当事者に対しては、代位弁済スキームでは解決しようがない。李均龍・大法院長（最高裁長官）以下、大法官（最高裁判事）の構成が今後「保守化」したところで、この件に関する限り、「司法の政治化」はなさそうである。

　さらに、尹大統領は任期中、「求償権を行使することはない」と明言しているが（産経新聞ウェブサイト「「求償権想定せず」日韓共同記者会見要旨」2023 年 3 月 16 日、傍点による強調は引用者に拠る）、「放棄」までは踏み込まなかった。韓国民法で「判決によって確定された債権は短期の消滅時効に該当するものであっても、その消滅時効は 10 年とする」（第 165 条第 1 項）と規定されているため、2018 年 10 月・11 月に相次いで確定したケースでも、2028 年 10 月・11 月までは時効が消滅しない。2027 年 5 月に就任する新大統領が「求償権を行使する」と、それまでに代位弁済スキームを受け入れる当事者数がさらに積み上がっても、すべてご破算になる。

　特に岸田首相は日韓「慰安婦」合意を発表した際の外相であるだけに、その後、韓国で政権交代があって事実上反故にされた「手痛い教訓」を踏まえ、「二の舞」を避けたいのは間違いないが、こうした認識は政権中枢だけでなく日本の有権者にも党派性の違いを超えて広く共有されている。慰安婦問題とは異なり、徴用工問題については「韓国が「合意は拘束する（pacta sunt servanda）」という国際法の大原則に違反している」

「是正措置はひとえに韓国政府が取るべきだ」という立場から1ミリも動こうとしなかったのはこういう理由に拠るが、ここが仮に覆ることがあれば、日韓関係は「史上最悪」どころか「底が抜ける」だろうし、レジリエンス（復元力）がまったく機能しないだろう。はたして「正常化」に針路を定めた日韓関係に「バラスト水（船の安定を保つ底荷としての水）」は適切に積まれているのか。

▌3.「処理水／汚染水」をめぐる「認知領域における情報戦」

「偽情報等の拡散を含め、認知領域における情報戦への対応能力を強化する。その観点から、外国による偽情報等に関する情報の集約・分析、対外発信の強化、政府外の機関との連携の強化等のための新たな体制を政府内に整備する。さらに、戦略的コミュニケーションを関係省庁の連携を図った形で積極的に実施する」（「国家安全保障戦略」別紙、p.24）という記述が、2022年に岸田政権下で策定された国家安全保障戦略に初めて盛り込まれたが、「処理水／汚染水」はまさに「偽情報等の拡散を含め、認知領域における情報戦」そのものである。

IAEA（国際原子力機関）が「国際安全基準に合致している」と評価した東京電力福島第一原発の処理水の海洋放出は2023年8月24日から始まった。中国や北朝鮮の反対は織り込み済みだが、韓国国会で過半数を占める野党「共に民主党」が「核廃棄水」「日本は第二の太平洋環境戦争を犯している」といった、奇妙なほどに中国共産党とシンクロするワーディングで、連日、場外で「煽動」集会を続けた。この進歩系政党は、文在寅政権期には、「国際安全基準に合致すれば日本の主権的な決定だ」として事実上「黙認する」としていたにもかかわらず、野党になると立場を180度変え、尹政権批判の一環として「対日屈辱外交」攻勢を強めている。

韓国は「イデオロギー的分極化（ideological polarization）」「感情的分極化（affective polarization）」が米国並みに深刻で、保守（与党「国

民の力」）／進歩（最大野党「共に民主党」）の相違は政党同士や国会内
だけでなく、有権者同士、職場や家庭の中でも拡がっている。党派性が
異なると、相手を「共にいる同じ国民」で「力」を結集する「同志」で
はなく、「敵」や「悪魔」のようにみなしてしまうところまで先鋭化し
ている（浅羽 2022）。その結果、「与小野大」国会（分割政府：divided
government）では特に重要な「協治」はまったく実現せず、2027 年 3
月におこなわれる大統領選挙に向けて、全面対決の色合いがますます濃
くなっている。尹大統領も、「処理水」問題について科学とエビデンスに
基づいて静かに説明・説得を重ねるのではなく、「1 ＋ 1 ＝ 100 と言うよ
うな奴等、共産専制勢力とは、国是を共にしていない。「鳥は左右両方の
羽があって初めて飛べる」とはいうものの、方向性は一致していないと
いけない」（韓国・大統領室ウェブサイト「「国民の力」国会議員との定
例会冒頭発言」2023 年 8 月 29 日）と「理念戦」「陣地戦」（アントニオ・
グラムシ）を先導しているありさまである。

　希望が残っているとすると、中道・無党派層で、各自、informed
decision をおこなうことができるように、日本政府の「対外発信」も欠
かせない。そのためにはまず、誰（public）と、どういう関係（relations）
を築きたいのかという PR 戦略を策定することが肝要である。

第 4 節　「関係改善」持続に向けた提案

1. 大阪（関西）の役割

　コロナ禍で往来が途絶えていたが、段階的に「港」が開かれ、2023 年
5 月以来、ついにワクチン接種証明や PCR 検査の陰性証明書は不要にな
り、ノービザで再び行き来ができるようになった。しかも、K-ETA（大
韓民国電子旅行許可）は 2024 年末まで不要となっているため、日本国
民の渡韓は以前より手続きが容易になった。
　関西空港から金浦・釜山・大邱・清州・済州に直行便が毎日飛んでい

るし、大阪港から釜山港までのフェリーも週3便運航している。大阪はいまや、福岡・東京を抑えて韓国人観光客の最大の訪問地である。

「プンシンスギル（豊臣秀吉）」が建てた大阪城、道頓堀でのグルメ、ユニバーサルスタジオジャパン（UFJ）のアトラクション、あべのハルカスからの眺望、海遊館でのまったりお魚鑑賞など、「ワイワイガヤガヤ」の大阪は、「いま、ここ」から一時離れるという観光の魅力が凝縮された「場所（place）」であり、「経験」になる。

京都・神戸・奈良へのアクセスもよく、たとえば京都・同志社大学今出川キャンパスでは、尹東柱詩碑に献花する人々が絶えない。尹東柱は「満洲・間島」の出身であり、立教大学・同志社大学などで学び、治安維持法違反容疑で逮捕され、1945年2月16日、「光復（植民地支配からの解放）」を前に福岡刑務所で獄死している。近代日朝関係史、東アジア近現代史を体現した人物であり、遺した数々の詩、特に代表作である『空と風と星と詩』はK文学の嚆矢と言ってもいいかもしれない。ただし、この場合、Kは「韓国」に限定されないと理解すべきだろう。

在大阪大韓民国総領事館は日本で最大の総領事館であり、並みの大使館を超える人員を誇り、それだけの役割を期待されている。もちろん、邦人保護や、在外同胞庁の成立にともなって在外同胞の支援はますます重要になってくる。在日韓国人・在日朝鮮人がもっとも多く住んでいるのは大阪である。「多文化共生」は移民者・ホスト社会それぞれにとって課題だが（永吉 2020；髙谷 2022）、「移民大国化する韓国」（春木・吉田 2022）も、当然、場面に応じて両方のポジショナリティになっている。

こうした現状を踏まえて、札幌・仙台・新潟・名古屋・神戸・横浜・広島・福岡ではできない、個人のレベルでも集合体のレベルでも共有／分有している悩み事や諸課題、たとえばメンタルヘルス、パワハラ上司、多文化共生、ダイバーシティ尊重、ノーマライゼーション、インクルーシブ教育などを共に悩み、解決策を模索する仕掛けがもっとあってよい。そのためには、なにより、そうした人々が孤立することなく、横につながり、「人の間」が尊重されることが重要である。

2. 「MZ世代」の「代弁」ではなく「プレゼンス」を保障せよ

　第31回日韓フォーラム（日本側議長は小此木政夫・慶應義塾大学名誉教授、韓国側会長は柳明桓・元韓国外交通商相、2023年8月31日〜9月1日）がソウルで開催され、日韓国交正常化60周年を迎える2025年に日韓両政府が新たな「日韓パートナーシップ共同宣言」を出すべきだとする声明を発表し、日韓の各界関係者で構成される準備委員会の設置を呼びかけた。「日韓パートナーシップ宣言」は小渕恵三首相（当時）と金大中大統領（当時）が1998年10月に合意し、「過去の不幸な歴史を乗り越えて和解と善隣友好協力に基づいた未来志向的な関係を発展させる」（外務省ウェブサイト「日韓共同宣言−21世紀に向けた新たな日韓パートナーシップ」1998年10月8日）ことを高らかに謳った、日韓関係における「里程標」とも言うべき文書ではあるが、21世紀になってまもなく四半世紀が過ぎようとしている。当然、この間、世間では世代交代が進んだし、日本では首相は11人目、韓国では大統領は5人目を迎えている。韓国の諺で「10年経てば山河も変わる」という。

　にもかかわらず、日韓フォーラムをはじめ、東京・ソウル間の枠組みではメンバーシップ構成がなかなか多様化しない。「서울남（ソウル［東京］・60代以上・男性）」ばかりで、「地方」「50代以下」「女子」のプレゼンスは未だ極めて限られている。「未来志向」や「21世紀」はもはや代弁される（represented）ものではなく、21世紀第1四半期を現役世代として生きている人々にとっては「いま、ここ」そのものであるし、自ら語り、創造していく当事者＝行為主体（エージェンシー）である[2]。

2　たとえば、内閣府が実施している「外交に関する世論調査」において、2023年現在、日本国民の平均では、韓国に対して「親しみを感じる（52.8%）」が「親しみを感じない（46.4%）」より6.4ポイント高いが、女性だけだと58.1%対41.2%であり、その差分は16.9ポイントである。また、20代（18歳・19歳を含む）だと66.5%対33.8%であり、その差分は32.7ポイントである（内閣府ウェブサイト「外交に関する世論調査」2023年9月調査）。さら

特に、日韓両国とも、世代による社会化経験や「保守／リベラル（進歩）」の理解の仕方自体が異なるところ（遠藤・ジョウ 2019；강원택 2020；강원택 2010）、「MZ 世代」のプレゼンスは特に重要であるし、韓国では「少子化」（2023 年の合計特殊出生率は 0.72 で世界最低を更新）は「女子の反乱」と言われるくらいジェンダー差が社会生活のそこここで決定的である。こうした層の「声／異論（voice）」を「衡平に（proportionally）」反映しないと、企業・組織・国家が衰退するのは必然である（ハーシュマン 2005）。その意味で、持続可能な日韓関係のためには、「地方」「50代以下」「女子」に「クオータ制」を導入してでも、多少なりとも均衡を取り戻さないと、「傾いた運動場」では「無関心」という「離脱（exit）」が拡がるだろう。「愛」の反対語は「憎しみ」ではなく「無関心」だという。そうなると、「嫌韓／反日」よりも、深刻である。

　大阪（関西）は二つの「港（port）」を抱えている街にふさわしく、「人の間」になる「ポータルサイト（portal site）」を目指すべきである。

┃ 3. 大学教育の使命

　その意味で、大学に課せられた使命は重い。大学は学校教育における最終段階であるし、Z 世代は今まさに「社会化」過程の真っ只中にいる。

　遺伝や（家庭）環境、いわゆる「親ガチャ」（戸谷 2023）が、好奇心・実行機能（やり抜く力）・自尊感情・レジリエンス（しなる力）などの「非

に、著者が同僚の朴鍾厚（同志社大学グローバル地域文化学部准教授）と共同で、2023 年度に同志社大学に入学した学生のうち、必修科目の「第二外国語」として「コリア語」を選択した学生に限定して実施したアンケート調査によると、韓国に「親しみを感じる」18 歳・19 歳は圧倒的であり、実に93.0 ％に達する。同時に、韓国政府が示した解決方案で徴用工問題が「解決するとは思わない」という回答は 72% であり、日本国民全体の 68% より 4ポイント高い（日本経済新聞による世論調査、2023 年 3 月 27 日）。18 歳・19 歳の「コリア語」履修者においても、「親近感」の高さと日韓関係の最大の「棘」に対する冷徹な見方が同時に混在しているのが興味深い。

認知能力（Non Cognitive Skill）」（小塩編 2021）を大きく規定し、それが「認知能力（Cognitive Skill）」、いわゆる「学力」も規定していることが知られるようになった（安藤 2023a；安藤 2023b）。それでも、幼少期、幼児教育・初等教育だと可塑性がまだ高いが、青年期になると、それまでに家庭や学校で学んだことを当然視するようになり、「ふつう」「らしさ」に縛られやすくなる。だからこそ、大学では、新たに「学び直す（learn）」ためにも、いちど「学びほぐし（unlearn）」することが重要である。

　たとえば、高校で学ぶ「公共」や「政治・経済」は大学で「政治学」や「国際関係論」を学ぶ上で基本的な知識にはなるが、同じように学べるわけではない。大学入学以降、こんにち、「答えが必ず決まっている問い」ではなく、「いま、ここ」で、この「私」が、「私」たち／「私たち」が解くべき問いは何なのか、「正しく（well/properly）」問いを設定することが重要である。不良設定問題（ill-posed question）は解けないし、解いても意味がなく、場合によっては有害でさえある。変化の仕方自体が変化する現在、単なるボリューム・アップではなく、スケール・シフトが切実であるし、相手と私では、スケール（物差し）そのものが異なるという前提で臨むことが重要である。

　「全き他者」とは、利害＝関心（interests）や価値観が非共約的（incommensurable：同じ物差しでは測ることができない）に異なる存在である。日本にとって韓国、韓国にとって日本は、自らの願望を投影する客体ではない。「全き他者」「イミフ（意味不明）」な存在として立ち現れた時、私たちにまず求められる姿勢は、その人（たち）には世界はどのように映っているのかを想像し、その視点を取得しようとすること（perspective-taking）である。さらに、手持ちのスケールではいくら「不合理」に思えることであっても、相手の行動選択の理由（reason for the action chosen）や、相手にとっての主観的な意味付け（reasoning for themselves）は、それはそれとして（as such）理解すること、つまり、「他者の合理的理解（rational accommodation）」が重要である（岸・石岡・丸山 2016）。

大学では、専攻分野を問わず、こうした他者理解の方法や姿勢を「学びほぐし」つつ、新たに「学び直す」ことがZ世代にとって切実な課題である一方で、大学教員は自分の「当たり前」を押し付ける「꼰대／オワコン」になっていないかどうか、常に自問自答し続けなければいけない。「人生100年時代」「ライフ・シフト」（スコット・グラットン 2021）を生き、「22世紀」を迎えるかもしれないZ世代を前に、著者は「昭和生まれ」「間に挟まれた40代（낀 세대）」教員として、襟を正すばかりである。

第5節　なぜ韓国（日本）なのか

1.「日韓逆転」という「衝撃」

「日韓逆転」についてNHKは2022年9月に特筆大書したが（NHKウェブサイト 2022a；2022b）が、1人当たり名目GDP（国内総生産）（購買力平価）が「逆転」したのは2018年であるし、2021年の平均賃金も、日本が40,849ドルであるのに対して、韓国は44,813ドルである。その他、半導体生産、デジタル化、研究開発費などでも日本は韓国の後塵を拝している。

日韓国交正常化（1965年）当時、日本の名目GDPは910億ドルだったのに対して、韓国は31億ドルで、両国の経済力には30倍ほどの差があった。その後、日本からの経済協力などもあり、韓国は産業の高度化、高度経済成長を遂げ、民主化後も、アジア通貨危機（1997年）や世界金融危機（2008年）があっても回復し、成長を続けてきた。一方、日本は、「失われた30年」を自嘲されるほどゼロ成長が続いた上に、2020年代になると円安・物価高であるのに、アベノミスク路線のゼロ金利政策から未だ転換できないままである。韓国からすると、「追いつけ、追い越せ」で、いまや「追いついた」「追い抜いた」一方で、日本からすると、そうした対称化した日韓関係を未だ受け入れられず、ウエカラ目線で接してしまう層が一定数存在する。

小林哲郎・早稲田大学教授たちが日本国民を対象におこなった日韓関係に関するサーベイ実験（Kobayashi et al 2020）によると、日韓の経済力が逆転するという刺激群においてのみ、竹島／独島（トクト）領有権問題においても慰安婦問題においても対韓強硬策を支持する確率が有意に高いことが示された。サーベイ実験を実施したのは、実際に逆転が生じた2018年以前であるため、この「刺激」は特定の調査対象群だけに示された「将来展望」でなく、いまや日本国民全員が直面している「現実」である。

　この実験では「逆転」という「刺激」がどのくらい頑強なのかを確認するために、「日本の経済力だけが低下する」という別の刺激群と、「韓国の経済力だけが向上する」というまた別の刺激群を設けて改めて追試が実施されているが、「日韓の経済力が逆転する」という刺激群においてのみ上記の結果が観測された。それだけ日本人にとって「日韓逆転」は衝撃的であり、うまく折り合いをつけられないのであろう。社会心理学では、当初優位に立っていた側が追いつき、追い抜かれると、その相手に対して一気に「防衛的（defensive）」になるというのは一般的な知見である。

2. ダイナミック・コリア

　そうしたなか、「日本にとって韓国はどういう存在なのか」、逆に「韓国にとって日本はどういう存在なのか」はもはや当為命題ではなく、そのつど確認し、再定義していく課題であるし、それぞれ異なる難しさがある。

　特に、日本にとって難しいのは、韓国は経済的な伸長だけでなく、かつての「当たり前」がそこここで通用しなくなっているということである。まさに「ダイナミック・コリア」である。

　在韓日本大使館の総括公使が2021年7月にJTBCの女性記者とのオフレコ昼食懇談の席で、「文在寅大統領（当時）はマスターベーション（引用ママ）をしている」という発言をおこない、JTBCは翌日、これを報道したことで、

相星孝一大使による「厳重注意」のみならず、翌月、事実上の更迭で帰国となった「事件」がある。この総括公使はコリアン・スクールのキャリア外交官で、2012年からも3年間、経済公使を務めるなど、現場感覚もそのつどアップデートされていて然るべきであった。

江南駅ミソジニー（女性嫌悪）殺人事件（2016年5月17日）、チョ・ナムジュ『82年生まれ、キム・ジヨン』原著版刊行（同年10月、斎藤真理子訳による日本語版刊行は2018年12月）は、現地で見聞きしていなかったとしても、2019年7月の着任以降、キャッチ・アップし、在京勤務だった4年間（2015年〜19年）にも、韓国社会における「ジェンダー・センシティビティ」や「ポリティカル・コレクトネス」は大きく変わったということを「学びほぐし」「学び直し」していれば、いくらオフレコとはいえ、「不適切な性的表現」は避けられたはずである。そもそも、この発言は、2010年代初頭でも問題になっていただろう。

また、オフレコであっても、「言論機関／世論指導層」として「大衆」を「啓蒙」するべきだと判断すれば、報道することがあるのは、韓国メディアの場合、特に珍しくない。そういう意味でも、「韓国通」としての力量が問われた象徴的な「事件」だった。

2021年当時は文在寅政権期で、「フェミニズム大統領」を自認し、特に若年層女性から支持を集めていた。「進歩派」「若年層」「女性」は、「50代のエリート男性外交官」からすると、「全き他者」だったかもしれないが、だとすればなおのこと、積極的かつ巧みに「社交」し、同じことを伝えるにしても、それこそ「外交的に」洗練された表現を用いることが欠かせない。「ことば」ができるかどうかは、語彙や発音の正確さだけではなく、語用論的にその時、その場、その状況に応じた「ふさわしさ」や「ポライトネス」も含まれている。まして、相手は赴任地の国家元首である。

3. 知る、互いに対照する、自省みる

駿河台出版社から2023年8月に刊行された古田富建『恨〈ハン〉の

誕生―李御寧、ナショナルアイデンティティー、植民地主義』の帯文には、「「モヤモヤ」の先へ。「キラキラ韓国」と「イライラ韓国」が混在する日本社会で」と記されている。「「キラキラ韓国」と「イライラ韓国」」というのは、まさに日本における韓国像の双璧だが、端的に、どちらも釣り合いが悪い見方である。「モヤモヤ」は、一橋大学社会学部加藤圭木ゼミナールの学生たちが刊行した『「日韓」のモヤモヤと大学生のわたし』（明石書店、2021年）を指す。K-POPにハマる一方で、日韓の歴史問題には無関心の学生たちが多いなかで歴史問題を学んでいる「わたし」たちの心情を「モヤモヤ」と表し、そうしたスッキリしないなかでの葛藤を赤裸々に語っている。主語はどこまでもZ世代の「わたし」である。古田富建・帝塚山学院大学教授は「「モヤモヤ」の先へ」誘う専門書を刊行したわけだが、「恨〈ハン〉」は「恨み」と混同されがちで、まさに韓国理解の躓きの石であると同時に、鍵概念でもある。それを深く知る、つまり「識る」ことで、「キラキラ」でもない「イライラ」でもない「釣り合い（proportionality）」が保たれる。「知りたくなる」（新城ほか2019）は他者理解の第一歩であり、「もう分かった」は他者理解の放棄である。

　前述したとおり、日韓は、個人のレベルでも集合体のレベルでも諸課題／悩み事（고민거리）を共有／分有している。それらに取り組む際に、互いのケースは「参照項（point of reference）」になる。私事になるが、著者は精神疾患（うつ病と適応障害）を患っているが、ペク・セヒ（山口ミル訳）『死にたいけどトッポッキは食べたい1・2』（光文社、2020年）や세바시（韓国版TED Talk）でのトークには、同じ当事者として大いに慰められ励まされた。また、精神科医のチョン・ヘシン（羅一慶訳）『あなたは正しい―自分を助け大切な人の心を癒す「共感」の力』（飛鳥新社、2021年）や세바시トークにも救われた。赤の他人に善意からでも「忠告・助言・評価・判断」するのではなく、まずは傾聴し、「死にたい」「殺したい」というどんな心情にも、それなりの理由があるというところに「共感」を寄せるところから「人の間」は近づいていくという（毎日新聞と

の拙インタビュー；朝鮮日報との拙インタビュー）。ポストコロナになり、「ソーシャル・ディスタンス」の必要性は強調されなくなったが、他者に対する「適度な距離感」、過剰でも過小でもない「適度な関わり方」が各自問われている。

　そのためには、自らのあり方を常に省みる姿勢がなによりも欠かせない。日韓は「合わせ鏡」のように、互いに照らし合わせて「自己＝主体性（subject）」が立ち上がる「重要な他者（significant other）」である。日本に対する「イライラ」のネガとして「キラキラ韓国」が立ち上がったり、日本に対する「キラキラ」のネガとして「イライラ韓国」を立ち上げたりするのではなく、それぞれが自省する契機として、日本にとって韓国は依然として、いや従前よりも一層重要である。

参考文献

浅羽祐樹「2022 年韓国大統領選挙と「分極化」の行方」アジア経済研究所・IDE スクエア「世界を見る眼」2022 年 3 月

安藤寿康（2023a）『教育は遺伝に勝てるか？』朝日新書。

安藤寿康（2023b）『能力はどのように遺伝するのか−「生まれつき」と「努力」のあいだ』講談社ブルーバックス。

岩田清文・武居智久・尾上定正・兼原信克（2023）『君たち、中国に勝てるのか—自衛隊最高幹部が語る日米同盟 VS. 中国』産経新聞出版。

遠藤晶久、ウィリー・ジョウ（2019）『イデオロギーと日本政治−世代で異なる「保守」と「革新」』新泉社。

小塩真司編（2021）『非認知能力−概念・測定と教育の可能性』北大路書房。

加藤圭木監修・一橋大学社会学部加藤圭木ゼミナール著（2021）『「日韓」のモヤモヤと大学生のわたし』明石書店。

岸政彦・石岡丈昇・丸山里美（2016）『質的社会調査の方法−他者の合理性の理解社会学』有斐閣。

北岡伸一編（2021）『西太平洋連合のすすめ—日本の「新しい地政学」』東洋経済新報社。

こうの史代（2008-09）『この世界の片隅に（上・中・下）』双葉社。

新城道彦・浅羽祐樹・金香男・春木育美（2019）『知りたくなる韓国』有斐閣。

スコット、アンドリュー・グラットン、リンダ（2021）『LIFE SHIFT 2 − 100

年時代の行動戦略』（池村千秋訳）東洋経済新報社。

髙谷幸（2022）『多文化共生の実験室 大阪から考える』青弓社。

高橋杉雄（2022）『現代戦略論』並木書房。

高橋杉雄（2023a）『日本人が知っておくべき 自衛隊と国防のこと』辰巳書房。

高橋杉雄（2023b）『日本で軍事を語るということ―軍事分析入門』中央公論新社。

チョ・ナムジュ（2018）『82年生まれ、キム・ジヨン』（斎藤真理子訳）筑摩書房。

チョン・ヘシン（2021）『あなたは正しい―自分を助け大切な人の心を癒す「共感」の力』（羅一慶訳）飛鳥新社。

戸谷洋志（2023）『親ガチャの哲学』新潮新書。

永吉希久子（2020）『移民と日本社会―データで読み解く実態と将来像』中公新書。

ハーシュマン、A.O.（2005）『離脱・発言・忠誠―企業・組織・国家における衰退への反応』（矢野修一訳）ミネルヴァ書房。

春木育美・吉田美智子（2022）『移民大国化する韓国―労働・家族・ジェンダーの視点から』明石書店。

古田富建（2023）『恨〈ハン〉の誕生―李御寧、ナショナルアイデンティティー、植民地主義』駿河台出版。

ペク・セヒ（2020a）『死にたいけどトッポッキは食べたい』（山口ミル訳）光文社。

ペク・セヒ（2020b）『死にたいけどトッポッキは食べたい 2』（山口ミル訳）光文社。

Cha, Victor D., 1999, *Alignment Despite Antagonism: The United States-Korea-Japan Security Triangle*, Redwood City, CA: Stanford University Press.

Ikenberry, G. John, 2018, "The end of liberal international order?," *International Affairs*, 94-1, 7–23.

Jervis, Robert, Diane N. Labrosse, Stacie E. Goddard, and Joshua Rovner eds., 2023, *Chaos Reconsidered: The Liberal Order and the Future of International Politics*, New York, NY: Columbia University Press.

Kobayashi, Tetsuro, Dani Madrid-Morales, Yuki Asaba and Atsushi Tago, 2020, "Economic Downturns and Hardline Public Opinion," *Social Science Quarterly*, 101-1, 309-324.

Roberts, Brad, 2015, *The Case for U.S. Nuclear Weapons in the 21st Century*, Redwood City, CA: Stanford University Press.

강원택, 2020, <한국의 선거 정치 2010-2020: 천안함 사건에서 코로나 사태까지> 푸른길.

강원택, 2010, <한국 선거정치의 변화와 지속: 이념, 이슈, 캠페인과 투표참여> 나남.

毎日新聞とのインタビュー（2023年4月13日）

https://mainichi.jp/premier/politics/articles/20230411/pol/00m/010/011000c

朝鮮日報とのインタビュー（2023年5月6日）

https://www.chosun.com/international/japan/2023/05/06/ECJIOTGSNJCZFJDP6NE4M6ZBZA/

NHKウェブサイト「日韓逆転の深層　日本のこれから」2022年9月8日

https://www.nhk.or.jp/kaisetsu-blog/100/473157.html

NHK ウェブサイト「"日韓逆転"の時代?!」2022 年 9 月 14 日

https://www.nhk.or.jp/kaisetsu-blog/900/473324.html

外務省ウェブサイト「日韓共同宣言－21 世紀に向けた新たな日韓パートナーシップ」1998 年 10 月 8 日

https://www.mofa.go.jp/mofaj/a_o/na/kr/page1_001262.html

外務省ウェブサイト「岸田総理大臣の NATO 首脳会合出席（結果）」2022 年 6 月 29 日

https://www.mofa.go.jp/mofaj/erp/ep/page4_005633.html

外務省ウェブサイト「日米韓首脳会合」2022 年 11 月 13 日

https://www.mofa.go.jp/mofaj/a_o/na2/page1_001404.html

外務省ウェブサイト「日米韓首脳会合及びワーキング・ランチ」2023 年 8 月 18 日

https://www.mofa.go.jp/mofaj/a_o/na2/page1_001789.html

産経新聞ウェブサイト「「心からお詫びと反省」 安倍首相が日韓首脳電話会談で表明」2015 年 12 月 28 日

https://www.sankei.com/article/20151228-PPYYHTIYK5M5XCIZ2G7KPUECYQ/

産経新聞ウェブサイト「「求償権想定せず」日韓共同記者会見要旨」2023 年 3 月 16 日

https://www.sankei.com/article/20230316-VAEKGK4CRRLXNL454VIHA2GUF4/

内閣官房ウェブサイト「国家安全保障戦略について」2022 年 12 月 16 日

https://www.cas.go.jp/jp/siryou/221216anzenhoshou.html

内閣府ウェブサイト「外交に関する世論調査」2023 年 9 月調査

https://survey.gov-online.go.jp/r05/r05-gaiko/

日本経済新聞ウェブサイト「岸田首相「元徴用工問題、心が痛む」 日韓首脳が会見」2023年5月7日

https://www.nikkei.com/article/DGXZQOUA071BJ0X00C23A5000000/

聯合ニュース日本語版ウェブサイト「「光復節」記念式典の尹錫悦大統領演説全文」2023年8月15日

https://jp.yna.co.kr/view/AJP20230815002200882

Yonhap News, "Trilateral summit commitments will effectively bolster cooperation to alliance-like levels: experts," August 19, 2023.

https://en.yna.co.kr/view/AEN20230819001300325

Washington Post, "Japan-South Korea ties 'worst in five decades' as U.S. leaves alliance untended," February 9, 2019

https://www.washingtonpost.com/world/asia_pacific/japan-south-korea-ties-worst-in-five-decades-as-us-leaves-alliance-untended/2019/02/08/f17230be-2ad8-11e9-906e-9d55b6451eb4_story.html

The White House, "Leaders' Joint Statement in Commemoration of the 70th Anniversary of the Alliance between the United States of America and the Republic of Korea," April 26, 2023

https://www.whitehouse.gov/briefing-room/statements-releases/2023/04/26/leaders-joint-statement-in-commemoration-of-the-70th-anniversary-of-the-alliance-between-the-united-states-of-america-and-the-republic-of-korea/

The White House, "National Security Strategy," October, 2022

https://www.whitehouse.gov/wp-content/uploads/2022/10/Biden-Harris-Administrations-National-Security-Strategy-10.2022.pdf

韓国・大統領室ウェブサイト「NATO同盟国・パートナー国首脳会談尹錫悦大統領の発言文」2023年7月12日

https://www.president.go.kr/president/speeches/nmq4uMUn

韓国・大統領室ウェブサイト「韓国・ウクライナ共同記者会見発言文」
2023 年 7 月 15 日

https://www.president.go.kr/president/speeches/lhK0yJNX

韓国・大統領室ウェブサイト「第 78 周年光復節慶祝辞」2023 年 8 月 15 日

https://www.president.go.kr/president/speeches/mSgAkgfP

韓国・大統領室ウェブサイト「「国民の力」国会議員との定例会冒頭発言」
2023 年 8 月 29 日

https://www.president.go.kr/president/speeches/EBh2B0xg

韓国・外交部ウェブサイト「「自由・平和・繁栄のインド太平洋戦略」
2022 年 12 月 28 日

https://www.mofa.go.kr/www/brd/m_4080/view.do?seq=373216&page=1

韓国ギャラップ「世論調査 2023 年 3 月第 2 週」2023 年 3 月 10 日

https://www.gallup.co.kr/gallupdb/reportContent.asp?seqNo=1371

Endnotes

i 本稿は駐大阪大韓民国総領事館が主催した 2023 年度韓日フォーラム「アジア太平洋における新たな韓日関係の未来像」（2023 年 10 月 13 日）における報告を加筆・修正したものである。

経済・経営・社会

不安定化する世界情勢の中の日本と韓国
―地域間協定の役割―

早稲田大学
鍋嶋 郁

第1節　はじめに

　近年、世界情勢は不安定さを増してきている。複合的な要因により自由貿易に対して後ろ向きになり、保護主義的考えが広がりつつある。例えば、世界的に蔓延した新型コロナウィルスに対応するため、多くの国で人の移動を著しく制限した。その結果、経済活動も大きな負の影響を受けた。特に（短期的ではあったが）深刻な問題は、感染症による経済活動の制限が国際貿易の減少やグローバルサプライチェーンの分断を生んでしまったことである。その感染症に対する知見が不足する状況下においては、感染症対策に伴う生産活動の停滞・停止はやむを得ない面もあったであろう[1]。とはいえ、重要な医療物資の輸出を一時的に制限する国も見られた。さらにその影響は医療物資のみならず他の物品にも及んだ。輸入国から見ると輸出国によるこのような一方的な輸出制限措置は貿易に対する信頼感を薄れさせる。その結果、様々な分野で自国生産の必要性が訴えられるようになった。

　コロナ以前から自由貿易に対する姿勢に変化があったことも事実である。特に顕著なのがトランプ政権時代の米国である。それまで自由貿易の旗振り役であったはずの米国が米国第一主義をとり、対外通商政策を

---

[1] 新型コロナにより経済活動の不確実性が増すこととなり、マクロ経済や貿易にマイナスの影響を与えた（Brodeur et al. 2021;Castelnuovo 2023）。

148
経済・経営・社会

オバマ政権時代から大きく変換させた。特に世界、そして東アジアから見た大きな政策変更は、米国のTPPからの離脱と対中貿易赤字を削減するために中国に対して高い関税率を課したことである（中国との経済安全保障については後述する）。それまで、少なくとも先進国の中では、一方的な関税の引き上げはしないという慣習があったが、それを破った形になった。このことは、大国であれば今まで培ってきた共通認識を一瞬で変えることができ、それまでの国際的な取り組みが無となることを明らかにし、これもまた貿易に対する不信感を高めることとなった。

　加えて、2022年2月にロシアがウクライナに侵攻したことも、世界にショックを与えた。ロシアのウクライナ侵攻の影響は経済面では特に2つ挙げられる。一つ目は、資源価格に対する影響である。ロシアのウクライナ侵攻はエネルギー価格や穀物類（特に小麦）の価格の高騰を招き、世界的にインフレーションが進んだ。これにより、各国様々な対応が必要となり、その結果経済成長が鈍化している。さらに長期的にはインフレーション対策（特に価格上昇分の補助政策）により、財政の悪化が懸念される。

　2つ目は、今まで、（少なくとも先進国の中では）ある程度認識されてきた「平和」的な世界というのが幻想であり、いつ何時有事になるかもしれないという不安感を招いたことである。今まで私たちの世界を豊かにしてきた要因の一つとして貿易の活発化が挙げられる。自国で生産できないものや自国に比較優位がない製品・サービスなどは古くから国境を越えた交易で賄ってきた。いうまでもないが、円滑な国際貿易は安心して物品を輸送できる、供給・需要が確保できる、という前提で成り立っている。いつ何時有事になるのかわからないような不安定な状況では、貿易は成り立たない。たとえ自国が武力闘争に直接的に関与していなくても、武力闘争の当事者たちからの物品・サービスの輸入に依存している、物品の運輸に影響を及ぼすような状況であれば、影響を受けてしまう。その影響を受けないようにするにはどうすればいいのか、というと

「自国生産の拡大」という考えに陥ることとなる。もし多くの国々がこのような考えを持ち始め実行し始めたとしたら、貿易は減少し、ひいては世界経済に対して悪影響を及ぼすであろう。

このように、保護主義的な考え方に向かいそうな要因が各種発生している。個別に発生するだけでも保護主義的な考え方に傾倒しがちだが、これらが比較的短い間に立て続けに起きたことにより、より一層保護主義的な考え方が強まる要因となった。

加えて、世界規模での貿易自由化を促進するべきである世界貿易機関（WTO）は近年貿易自由化に向けて大きな成果を上げているとはいい難い。加盟国全体での合意形成が難しい中、有志による独自の貿易自由化・円滑化を進める動きが地域貿易協定という形で進んできている。

地域貿易協定は大きく二つに分けられ、一つは関税同盟、もう一つは自由貿易協定である。数で言えば自由貿易協定の方が多い。自由貿易協定の中には2か国間協定をはじめとした比較的に小さいもの（あくまでも参加国という観点）から50数か国を含む大きなものまである。日本と韓国はその中でも重要な「地域的な包括的経済連携（RCEP）協定」に入っており、両国がRCEPなどを通じて貿易自由化に対して果たす役割は大きい。

第2節　貿易の動向

過去50年間の国際貿易の動向を見てみると、現在に至るまでに年々増加してきた。1973年には28億ドル（2015年USドルベース）だったのが、2022年には256億ドル（2015年USドルベース）までに増加した（図表1参照）。その50年の間で国際貿易が減少したのはたったの2回（2009年と2020年）だけである。2009年の減少はリーマンショックによるものであり、前年比10%減となった。2020年の減少は新型コロナウィルスの影響で、リーマンショックと同様に国際貿易に対しての

影響は大きく、貿易額が9%減少した。その後、貿易額は復調の兆しを見せている。ただ、ここ10年の間に以前にはなかった貿易額の減少が2回も起きており、何らかの要因で国際貿易が大きく影響を受ける可能性があるという認識を植え付けることとなった。

|図表1|

過去50年間の貿易の推移

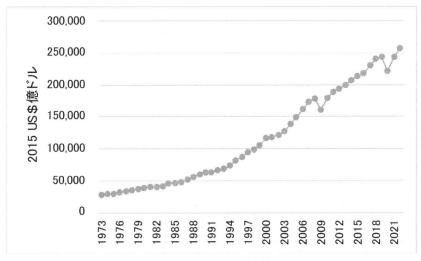

出典：World Development Indicator

1. 自由貿易協定の動向

「関税および貿易に関する一般協定」（General Agreement on Tariffs and Trade、GATT）と世界貿易機関（WTO）によって、貿易自由化が進んでいく中、一部の国々では自由貿易協定や関税同盟の動きがあった。特に21世紀になってから自由貿易協定の数が急増してきている（図表2参照）。当初は2か国間協定が多かったが、ここ20年で多国間協定も増加してきている。これらの協定の増加の背景には全世界規模での貿易自由化が遅々として進んできていないことが挙げられる。日本と韓国も例外でなく、2000年来、様々な国・地域と経済連携協定（自由貿易協定）を結んでいる（図表3参照）。

| 図表 2 |

2か国間・多国間自由貿易協定の推移

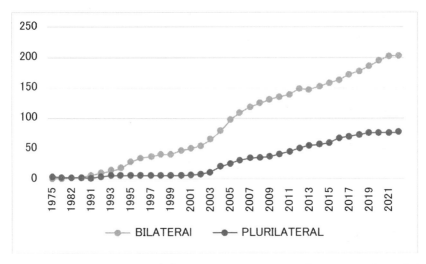

出典：Asian Integration Center (https://aric.adb.org/fta)

| 図表 3 |

日本と韓国の発効済み自由貿易協定

日本	相手国・地域	発効年	韓国	相手国・地域	発効年
	シンガポール	2002		チリ	2004
	メキシコ	2005		欧州自由貿易連合	2006
	マレーシア	2006		シンガポール	2006
	チリ	2007		ASEAN	2007
	タイ	2007		インド	2010
	ASEAN	2008		EU	2011
	ブルネイ	2008		ペルー	2011
	インドネシア	2008		米国	2012
	フィリピン	2008		トルコ	2013
	スイス	2009		オーストラリア	2014

ベトナム	2009	中国	2015
インド	2011	カナダ	2015
ペルー	2012	ニュージーランド	2015
オーストラリア	2015	ベトナム	2015
モンゴル	2016	コロンビア	2016
CPTPP	2018	中米	2019
EU	2019	イギリス	2021
米国	2020	RCEP	2022
イギリス	2021	イスラエル	2022
RCEP	2022	カンボジア	2023
		インドネシア	2023

注：「欧州自由貿易連合（アイスランド、ノルウェー、スイス、リヒテンシュタイン）」、「中
米（コスタリカ、エルサルバドル、ニカラグア、ホンジュラス、パナマ）」

出典：Asian Integration Center (https://aric.adb.org/fta)、韓国産業通商資源部（https://
english.motie.go.kr/en/if/ftanetwork/ftanetwork.jsp)

　世界的にみても多くの国が 2 か国間・多数国間での自由貿易協定や関
税同盟を締結している。図表 4 に主要な多国間協定（関税同盟を含む）
を示した。ヨーロッパ地域では EU、アフリカ大陸では「アフリカ大陸自
由貿易圏 (African Continental Free Trade Area : AfCFTA)」[2]、北米では
「米国・メキシコ・カナダ協定（USMCA)」、南米では「南米南部共同市
場 (Mercosur)」[3] 等が挙げられる。アジア地域では長年の交渉の末、「地
域的な包括的経済連携（RCEP）協定」が 2022 年に発効した。交渉当初
は ASEAN10 か国に加えて、日本、中国、韓国、オーストラリア、ニュー
ジーランド、とインドの 16 か国であったが、最終的にインドは交渉から

2　54 か国が署名、2019 年に発効。
3　アルゼンチン、ブラジル、パラグアイ、ウルグアイ。ベネズエラは 2016 年
　から加盟資格停止。準加盟国はボリビア、チリ、コロンビア、エクアドル、
　ガイアナ、ペルー、スリナム。

離脱し、現行の RCEP はインドを除く 15 か国である。このようにして
みると、多くの多国間協定は地域別になっている。貿易の理論でも 2 か
国間貿易に対して（物理的、文化的）距離は非常に重要な決定要素の一
つであることを考えると多国間協定が距離の近い国同士で締結されてい
るのは自然である。このような地域ごとの経済が世界規模の自由化への
飛び石となるのか、それとも、以前から懸念されるようなブロック化を
もたらすのか、現在においてもその懸念は払しょくされていない。それ
どころか、貿易に対する不信感が増し、自国主義が台頭してきている現在、
より一層ブロック化への懸念が強まってきている。

　唯一、多くの地域をまたぐ多数国協定が「環太平洋パートナーシップ
に関する包括的及び先進的な協定（CPTPP）」である。元々はシンガポー
ル、ブルネイ、チリ、ニュージーランドの 4 か国から始まった取り組み
であるが、米国が参加の意思表示をした後に他国も順次参加を表明し、
米国を含む 12 か国で交渉してきた。この拡大 TPP の議論の際にも、TPP
が地域間をまたがる先進的な FTA として注目された。本来なら、CPTPP
に米国が参加しているはずであったが、トランプ前大統領が TPP からの
離脱を表明したため、最終的には米国を除く 11 か国で締結された。アジ
ア地域では、日本、シンガポール、マレーシア、ブルネイ、ベトナム、オー
ストラリア、ニュージーランド、アメリカ大陸側では、カナダ、メキシ
コ、ペルー、チリが加盟している。さらに 2023 年にはイギリスも正式
に加盟した[4]。現在、中国、台湾、ウクライナ、コスタリカ、ウルグアイ、
エクアドルも加盟を申請しており、韓国、タイ、フィリピンも参加の関
心を示している。これらの国々が加盟することになれば、地域をまたぐ
形でより多くの国々が参加することとなり、地域間の「架け橋」的な存
在になりうる（鍋嶋 2012）。

　このような地域での協定には二つの点が指摘されてきた。一つは、貿
易創出効果と貿易転換効果である。貿易創出効果とは、協定内の国々の

---

[4] https://jp.reuters.com/article/newzealand-cptpp-trade-idJPKBN2YW02Q

間で貿易が活発化することである。貿易転換効果とは、域外からの輸出入が減り、代わりに域内からの輸出入に代替されることである。このような協定が経済のブロック化に進むかどうかは、域内の貿易自由化に加えて、域外との貿易の自由度に左右される。協定に入るメリットを生み出すためには内外の対応に差をつける必要があり、貿易転換効果はきわめて生じやすい。

　もう一つは、制度的な側面である。近年の自由貿易協定は関税削減などによる貿易自由化のみならず、人の移動、規制の調和など貿易以外の側面での協力も活発に行われている。これ自体は推奨されるべきことであるが、それらが地域ごとに独自で進捗していくと、地域間での相違が大きくなってしまう懸念がある。自国の規制と輸出先の規制が違えば、輸出先の規制に対応するために追加のコストがかかる。そのため、貿易に対して比較的に大きな負の影響を与えうるので、この点は今後留意していかないといけない[5]。

| 図表4 |

主要な多国間協定

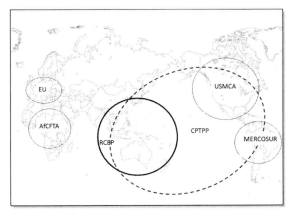

出典：筆者作成

---

[5] 例えば、同一の規制から全く異質の規制に変わった場合、2カ国間貿易は23％減少する（Nabeshima and Obashi 2021）。また規制が違うことにより、輸出品目も減少する傾向にある（Nabeshima, Obashi and Kim 2021）。

2. 米中摩擦

　このような不安定な情勢の中、更なる不安材料は今後の米中摩擦が経済面においてどのような展開を辿るかである。以前から米国は対中貿易赤字を問題視してきた。米国側の解決策として、前述のトランプ政権時代の関税の引き上げがある。それにより、中国からの輸入は大幅に減少することとなった。中国から米国への輸出は2018年から2022年の間に4%減少した（World Bank 2023）。コロナが蔓延した期間であったとしても米国での消費を賄うためにはある程度の輸入が必要である。中国の減少分は他の国々から補う形となり、その結果、東アジアの国々の中には米国への輸出が伸びた国もある（World Bank 2023）[6]。

　貿易赤字問題に加えて、中国との多方面での競争に対する懸念も強まっている。「国防権限法」(National Defense Authorization Act for Fiscal Year 2019) では、中国に対する経済と技術開発・保護の側面に関する方針が示された。その中には中国への輸出管理の強化、政府調達における中国製品に関する規制、中国からの対米投資規制、新技術の開発と技術流出の保護に関する項目が含まれている[7]。ECRAの下位法令であるアメリカの輸出管理規則（EAR）は、アメリカの安全保障・外交政策上の利益に反する者を関係省庁からなる「エンドユーザー審査会」によってエンティティリストに指定し、アメリカからのすべての品目についての輸出が許可の対象となる。対中輸出管理の強化については同盟国の協調も求めてきている。米国商務省産業安全保障局（BIS）が発行しているエンティティリストは、特定の外国人、事業体・団体または政府が掲載されており、現在中国に対

---

[6] Kumagai et al.（2021）のシミュレーションの結果でも中国から米国への輸出は減少し、その減少分を補う形でその他の東アジアの国からの輸出が増えた。

[7] 輸出管理改革法（ECRA）で、輸出管理の対象となる14分野の新興技術を特定した。この中にはバイオテクノロジー、AI・機械学習、測位技術、マイクロプロセッサー、先進コンピューティング、データ分析、量子情報・量子センシング技術などが含まれる。

するエントリーは290（Han, Jiang and Mei 2022）を超える。ただ、米国の産業界からの要望もあり、エンティティリスト内の中国製品・サービスの使用は禁止されているが、中国製品が内包されているものに関しては緩和されているようである。ただ、今後リストの拡大や規制の厳格化がどのようになっていくのかは予測するのが難しく、不確実性を孕んでいる。この不確実性を排除するためにサプライチェーンを再編するということになれば、サプライチェーンが特定の国や国際関係によって分断されかねない。言うまでもないが、これは望ましくない。特に日本と韓国にとって、中国、米国は貿易相手先として非常に重要であり、これらの国との貿易の間に障壁ができるのは好ましくない。

| 図表 5 |
日本の輸入シェア

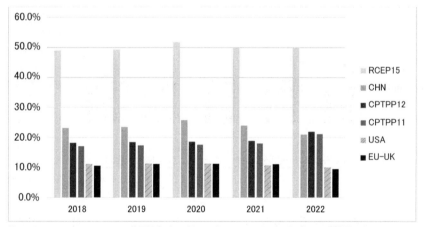

注：CPTPP12はCPTPP11に英国を加えたものである。EU-UKはイギリスが離脱したEUである。
出典：UN Comtradeのデータを基に筆者作成

　図表5に日本の輸入における国・地域のシェアを示した。日本の場合、輸入のシェアの中ではRCEPに加盟している国からの輸入が圧倒的に多く、50%近くを占めている。その中でも中国の存在は大きく、中国単体からの輸入は日本全体の輸入の21%（2022年）である。中国からの輸入

は2020年をピークにここ数年は減少傾向にあるが、これが一過性なのか、長期的なのかはもう少し観察する必要がある。RCEPや中国からの輸入の割合が減少している中、増加しているのはCPTPPからの輸入である。

日本の輸出先シェアを見ると（図表6参照）、輸入と同様に日本の輸出の半数がRCEP向けである。中国への輸出は全体の約20%である。輸入同様、2020年をピークに最近は減少傾向にある。同様にCPTPPへの輸出は微増傾向にある。

| 図表6 |
日本の輸出シェア

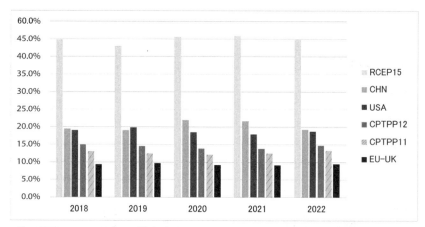

注：CPTPP12はCPTPP11に英国を加えたものである。EU-UKはイギリスが離脱したEUである。
出典：UN Comtradeのデータを基に筆者作成

日本と同様に韓国も輸入の大半はRCEPからである（図表7参照）。また同様に中国からの輸入も大きなシェアを占めている。韓国はCPTPPに加盟していないが、実はこれらの国からの輸入は非常に多い。

韓国の輸出も日本と同様に大半がRCEP向けであるが、微減傾向にある。中国への輸出も大きな割合を占めているが、2021年の25.3%から2022年には22.8%へと減少している。逆にCPTPP、米国、EUへの輸出の割合が増加傾向にある。

| 図表7 |

韓国の輸入シェア

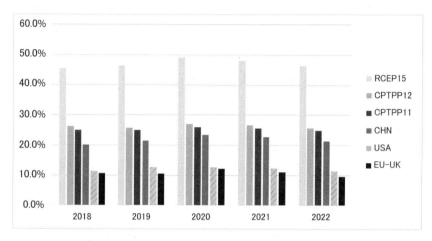

注：CPTPP12 は CPTPP11 に英国を加えたものである。EU-UK はイギリスが離脱した EU である。

出典：UN Comtrade のデータを基に筆者作成

| 図表8 |

韓国の輸出シェア

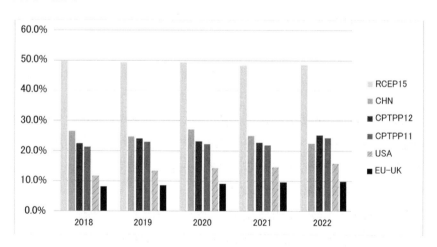

注：CPTPP12 は CPTPP11 に英国を加えたものである。EU-UK はイギリスが離脱した EU である。

出典：UN Comtrade のデータを基に筆者作成

日本と韓国の輸出入の動向を見ていると以下の3つの共通点がある。第一に地理的に近く協定のあるRCEPへの輸出入が一番多い。第二に中国との輸出入が減少傾向にある。第三としてCPTPPとの貿易が増加傾向にある。特に2、3番目については、これが一過性なのか、長期的なのか、また減少の要因が純粋に経済的要因に起因するのかそれとも政治的な要因なのかはこれからも留意して見ていかないといけない。

|図表9|

米国の輸入シェア（対日中韓）

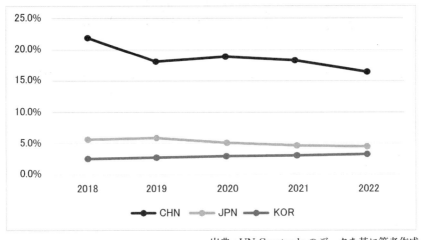

出典：UN Comtradeのデータを基に筆者作成

　図表9に米国の最近の輸入シェアを示した。明らかに米国は中国からの輸入割合が減少してきている。2018年には21.6%だったのが2022年には17.1%へと減少している。日本からの輸入も減少しているが、逆に韓国からの輸入は増加している。
　米国から中国への輸出割合も減少している（図表10参照）。同様に日本への輸出も緩やかな減少傾向にあり、韓国への輸出も2022年には減少した。明らかに米国は中国との貿易関係に距離を置き始めてきているといえるであろう。

|図表10|

米国の輸出シェア(対日中韓)

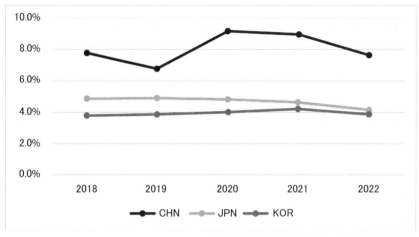

出典:UN Comtrade のデータを基に筆者作成

|図表11|

中国の輸入シェア(対日韓米)

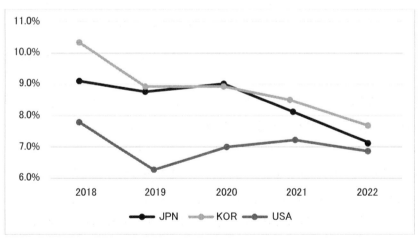

出典:UN Comtrade のデータを基に筆者作成

中国の場合はどうかというと、米国からの輸入は減少している。それに伴い、日本からの輸入も減少している（図表11参照）。韓国からの輸入は一旦減少した後に増加したが、2022年に減少に転換した。輸出の面でも中国から米国への輸出割合は減少し、それに付随して日本への輸出割合も減少している（図表12参照）。対韓国への輸出は微増している。

|図表12|

中国の輸出シェア（対日韓米）

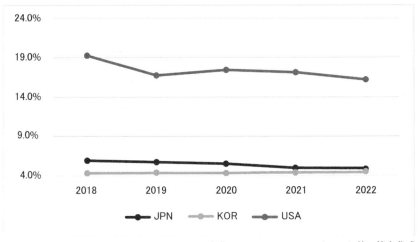

出典：UN Comtradeのデータを基に筆者作成

　これらを総合すると以下のように推察される。アメリカから中国向けの輸出の多くに日本や韓国の部品が組み込まれているとすると、アメリカから中国向けの輸出減少は日本や韓国にも大きな影響を与えかねない。また、中国はサプライチェーンの中でも下流に位置し各地で生産された部品などが中国に輸入され、それを組み立てて輸出するという部分が多かった。そのため、中国の米国からの輸入の減少と日本・韓国からの輸入の減少が連動しているのは日韓米の部品がそれぞれの補完材であると思われる[8]。

---

[8] どのような影響を受けるのかはその国の製品が中国製品に対して代替品なの

サプライチェーンが世界中に浸透している現状、その中で中国が大き
な役割を担っている現状で、米中貿易摩擦は多くの国に大きな影響を与
える。例えば、Park, Petri and Plummer（2021）の研究によると、米中
貿易摩擦の影響は 2030 年の世界の所得を US$5140 億ドル減少させて
しまう。ただ、RCEP により US$2630 億ドル、CPTPP により US$1880
億ドル上昇させる効果がある。そういった意味で地域協定は有益である
ともいえる。ただ、この結果の中でも日本の場合は RCEP と CPTPP の
両方に入っているので所得も両方で上がるが、韓国の場合は RCEP の影
響では所得は上がるが、CPTPP では加盟していないので、所得は減少す
る結果となっている[9]。前述の Park, Petri and Plummer（2021）よりも
極端なシナリオによる研究によると、もし世界が「西側」（米国、日本、
韓国とその他先進国）と「東側」（中国、ロシア、インド、東南アジア）
に分かれてしまった場合[10]、経済的損失は大きなものとなる。西側諸国の
経済厚生は 1% から 8% 減少し、東側諸国はそれよりも大きな 8% から
12% の減少と試算されている。特に中所得国や発展途上国に対しての影
響が多いとの結果である（Góes and Bekkers 2022）。

　貿易の面だけでなく、技術面でも米中が距離感を置き始めてきている。
これは純粋に技術力の問題だけにとどまらず、将来的には規制や制度の
違いとなって表れてくる（World Bank 2023）。このまま米中の技術競争
により、米中の相互依存が減少するとしたら、他の国々も対応が必要に
なってくる。前述の世界経済のブロック化と同様に米中の摩擦が激しく
なるとしたら、米中において様々な面で違う制度・規制・標準が発達す
る可能性がある。実際に、Han, Jiang and Mei（2022）の特許データに
よる研究では、近年の中国の特許は分野によっては米国の特許をベース

　　か、補完財による（Fajgelbaum et al. 2023;Mao and Görg 2020）。
9　輸出の動向も同様である。
10　「西側」「東側」への振り分けは国連での投票行動が米国の政策により近い
　　か否かで分類している（Góes and Bekkers 2022）。

にしているものが少なくなってきている。これは中国での技術開発が独自に行われ始めていることを示唆している。制度・規制・標準などは技術を基に策定されるケースが多いため、米中の制度・規制・標準が将来的にさらに異質なものへと変化していく可能性を示唆している。

日韓や東アジアの国々にとって米中は両方とも重要な貿易相手国（特に輸出先国）である。このような制度的な違いが大きくなれば、東アジアの企業に大きな影響を与えるであろう。規制・標準・制度の差異に対応できるのは往々にして大企業だけであり[11]、中小企業にとっては非常に難しい。

第3節　結語

国際貿易を取り巻く環境は現在、自由貿易を積極的にサポートする状況にはなく、逆に自国主義、地域主義、はたまた地政学的要因（特に中国と米国間の緊張関係）により保護主義が台頭する土壌を醸し出している。国際関係とFTAの関係性を見てみると、やはり関係が緊密な国ほどFTAを結ぶ傾向にある。まだ未知数なのは緊張関係がある国々を含んだFTAが緊張緩和へと結びつくかどうかである（浦田 2023）。日本と韓国にとっては米中両国とも重要な貿易パートナーであり、今後とも良好な関係を築き上げていかないといけない。

世界規模での貿易自由化が遅々として進まない中、既存の協定をより有効に活用していく必要性があり、更にそれを拡大していく必要がある。東アジアにおいては、RCEPとCPTPPの活用と拡充が必要である。RCEPとCPTPPを比較した場合、よく指摘されるのが以下の2点である。一つは貿易自由度がCPTPPの方が高く（約99％の製品）、RCEPの方は90％程

---

[11] 規制の違いの対応を固定費用として考えると、そのような固定費用を賄えるのは規模の大きな企業になる（Nabeshima and Obashi 2021）。

度であることである。もう一つは「衛生と植物防疫 (SPS)」や「技術障壁 (TBT)」の分野に関して RCEP のほうが弱いという点である (Park, Petri and Plummer 2021)。RCEP がより効果的になるためには更なる質の向上と、SPS と TBT といった非関税措置に対する協力を強化する必要がある (Park, Petri and Plummer 2021)。この点に関して日本と韓国は協力して非関税措置を低減する取り組みを率先して進めていくべきである。

両協定とも参加国の拡大が望ましい。RCEP に関しては当初交渉に参加していたインドの参加が望ましい。また CPTPP に関しては、やはり米国の再参加が望ましいが、現状ではあまり望めないようである。様々な試算によると韓国は CPTPP に不参加であるがために負の影響を受ける結果となっており、韓国の CPTPP への参加も望ましいといえるであろう。

また、国際的にみて、本来なら WTO が率先して世界経済のブロック化を阻止していかなければならないのだが、それが実現できていない状況である。日本と韓国はこの分野での協力も必要である。

参考文献

浦田 秀次郎. (2023)「第10章 FTA と経済安全保障」(日本国際問題研究所『経済・安全保障リンケージ研究会 最終報告書』)

鍋嶋 郁. (2012)「新しい自由貿易圏としての TPP: 形成の論理と共同体含意」(金泰旭、金聖哲編著『ひとつのアジア共同体を目指して』御茶の水書房)

Brodeur, A., D. Gray, A. Islam and S. Bhuiyan. 2021. "A Literature Review of the Economics of Covid-19." 35 (4) :1007-1044.

Castelnuovo, E. 2023. "Uncertainty before and During Covid-19: A Survey." 37 (3) :821-864.

Fajgelbaum, P., P.K. Goldberg, P.J. Kennedy, A. Khandelwal and D. Taglioni. 2023. "The US-China Trade War and Global Reallocation." NBER Working Paper 29562, National Bureau of Economic Research, Cambridge, MA.

Góes, C. and E. Bekkers. 2022. "The Impact of Geopolitical Conflicts on Trade, Growth, and Innovation." Staff Working Paper ERSD-2022-09, World Trade Organization, Geneva, Switzerland.

Han, P., W. Jiang and D. Mei. 2022. "Mapping US-China Technology Decoupling, Innovation, and Firm Performance." Columbia Buisness School Research Paper, Columbia Business School, New York.

Kumagai, S., T. Gokan, K. Tsubota, I. Isono and K. Hayakawa. 2021. "Economic Impacts of the US–China Trade War on the Asian Economy: An Applied Analysis of Ide-Gsm." *Journal of Asian Economic Integration* 3 (2) :127-143.

Mao, H. and H. Görg. 2020. "Friends Like This: The Impact of the US–China Trade War on Global Value Chains." *World Economy* 43 (7) :1776-1791.

Nabeshima, K. and A. Obashi. 2021. "Impact of Regulatory Burdens on International Trade." *Journal of the Japanese and International Economies* 59:101120.

Nabeshima, K., A. Obashi and K. Kim. 2021. "Impacts of Additional Compliance Requirements of Regulations on the Margins of Trade." *Japan and the World Economy* 59:101088.

Park, C.-Y., P.A. Petri and M.G. Plummer. 2021. "The Economics of Conflict and Cooperation in the Asia-Pacific: RCEP, CPTPP and US-China Trade War." *East Asian Economic Review* 25 (3) :233-272.

World Bank. 2023. "Reviving Growth." East Asia and the Pacific Economic Update April 2023, World Bank, Washington, DC.

少子高齢化時代を生きる
―国際労働経済学的視点によるアプローチ―

神戸大学
後藤純一

第1節　深刻化する少子高齢化

　近年、日本や韓国を含む多くの国々において少子高齢化が深刻化している。図表1は、日本、韓国、米国、フランス、スウェーデンにおける出生率の長期的推移をみたものである。日本においては1950年代、韓国においては1970年代から1980年代半ばにかけて出生率が急減し、その後もほぼ一貫して減少を続け、2022年には日本においては1.26、韓国においては0.78と、人口維持に必要な2.08を大きく下回り危機的な状況になっている。出生率の減少は、人口減少のみならず人口の高齢化を引き起こし、労働力不足、年金財政の破綻等さまざまな悪影響をもたらす。

　本稿では、少子高齢化が国民経済にどのような影響を及ぼすのか、どのような対策が必要なのかを、主として日本の状況を中心に考察していくことにする。こうした日本を例とした考察結果は、さらに深刻なものとして韓国にもあてはまるようである。以下では、まず、将来の総人口、年齢別人口の推移を概観する。そして、少子高齢化への対応は人口学的対応と労働経済学的対応という2つに分けることができ、出生率を引き上げるという人口学的対応は超長期的には重要であるものの、当面は現在及び近未来の人口を所与のものとして労働力および年金掛け金を負担してくれる人々を増やすという労働経済学的対応に軸足を置かざるを得ないことを指摘する。

| 図表 1 |

各国における合計特殊出生率の推移

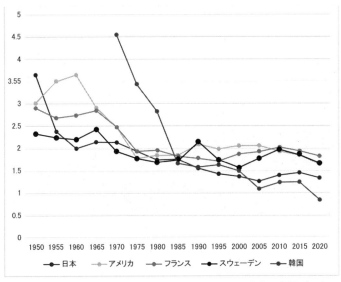

出典：各国データにより作成

　図表2および図表3をみると、急速に進む少子少子高齢化の流れに歯止めがかかる様子がないことがわかる。特に今後数10年間における深刻化は著しく、生産年齢人口は今後30年（2020年➡2050年）の間に約2000万人以上減少するものと見込まれ、厳しい人手不足が到来するのではないかと言われている。全体的な労働力需給だけでなく、ＩＴや介護など特定分野ではより深刻な人手不足に見舞われることが憂慮されている。図表2で出生率・出生数の推移をみると少子化の深刻さがわかる。第二次大戦直後は、約270万人の出生数であったものが、1950年代に急速に減少し160万人〜170万人となった。その後、第2次ベビーブームで200万人を超えた時期もあるが、1970年代以降ほぼ一貫して減少しており、2022年には77万人とピーク時の4分の1となっている。合計特殊出生率（ひとりの女性が一生の間に産む子供の数）をみても1950年代までは約4人であったが、1950年代の終わりごろに2人に急減した。その後も減少傾

| 図表 2 |

出生数及び合計特殊出生率の年次推移

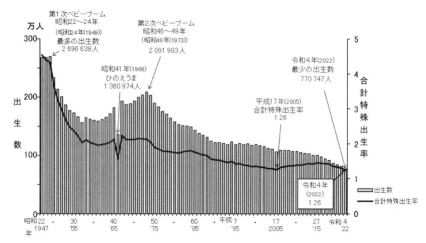

出典：厚生労働省「令和4年（2022）人口動態統計月報年計」

向が続き、2022年には1.26人となっており、人口を維持するのに必要な出生率（2.08程度と言われている）を大きく下回っている。

　こうした少子化を背景に、日本の人口は急速に減少し、高齢化が進むことが予想されている。図表3は日本の人口を、年少人口（～14歳）、生産年齢人口（15～64歳）、前期高齢人口（65～74歳）、後期高齢人口（75歳～）という4つの年齢階層にわけて予測したものである。これを見てわかるように、日本の高齢人口（前期高齢人口プラス後期高齢人口）は、2020年には3602万人だったものが30年後の2050年には239万人増加して3841万人になると予想されている。一方、生産年齢人口のほうは同期間に7509万人から5275万人へと2234万人も減少することが予想されている。この結果、1人の働き手が養わなければならない高齢者の数は、0.48人から0.73人へと急増する。したがって、労働力不足や年金財政破綻の危機に対処するため、少子高齢化対策が急務の課題になっているわけである。

| 図表 3 |

人口の年齢構成の変化

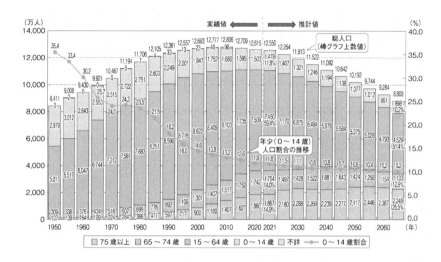

出典：内閣府「令和4年版少子化社会対策白書」

第2節　人口学的対応と労働経済学的対応

　図表2にみたように、出生数・出生率は何10年もの間ほぼ一貫して減少を続けている。この間、政府は「エンゼルプラン」、「新エンゼルプラン」、「夢をつむぐ子育て支援」、「異次元の少子化対策」等々、さまざまなスローガンを掲げ莫大な予算を投入してきたが奏功せず事態は深刻化の一途をたどっている。

　少子高齢化対策を考えるにあたっては、「人口学的対応」と「労働経済学的対応」という2つの視点を峻別することが重要である。前者の人口学的対応というのは、長年続いてきた出生率の低下を食い止め逆転させようという政策である。補助金等を駆使して婚姻・出生を増やそうといういわばダイレクトな少子化対策である。しかし、結婚や出産という極めて私的な事柄に政府が介入しようという試みは効果が見られないのが実情である。さらに、この人口学的対応は超長期的な効果しか期待でき

ないということを忘れてはならない。仮にいま急に出生率が倍増して2を超えたとしよう。赤ちゃんの数が2倍になったとして、これが労働力不足・年金財政悪化の解決になるのであろうか。生まれた子供が働くようになるのは18〜22年後であり、それまでは彼らを育てるために予算や人的資源を投入する必要があり労働力不足はかえって深刻化することを忘れてはならない。出生率を一気に倍増させるということはおよそ無理であり、仮に時間をかけて出生率の減少を食い止め逆転することができたとしても（つまり人口学的対応が奏功したとしても）、少なくても数10年間は人手不足や年金財政悪化を改善させるには無力である。

　超長期的には人口学的対応が必要であるとしても、当面考えるべきは労働経済学的対応である。労働経済学的対応というのは、総人口や人口の年齢構成を所与のものとして、どうしたら労働力不足や年金財政悪化を食い止め改善することができるかを考え実施していくことである。換言すれば、「少子高齢化時代を生きる」政策である。この労働経済学的対応は、「国外労働力の活用」と「国内労働力の有効活用」に分けることができる。前者の国外労働力活用は、外国人労働者受け入れなどの直接的活用のみでなく「国境を越えない移民」と呼ばれる外国人労働力を間接的に活用する方策も含まれる。後者の国内労働力の有効活用に関しては、労働生産性（単位労働生産性および配分労働生産性）の引き上げ、女性の職場進出等が特に重要である。以下では、この労働経済学的対応について、どのような施策が可能であるか、何が問題であるか等を詳しく検討していくことにする。

第3節　国外労働力の活用

| 1. 外国人労働者：国外労働力の直接的活用

　図表4は、日本における外国人労働者数の推移をみたものである。2008年には48.6万人であったものが2022年には182.3万人に増加しているが、全労働者の2パーセント程度に過ぎない。日本で外国人労働

者問題が台頭してきたのは1980年代後半であるが、依然として賛否両論からさまざまな議論が錯綜しておりコンセンサスには程遠い状況にある。議論が錯綜している理由の一つは、議論をしている人々がタイプの異なる外国人労働者について議論している、換言すればそれぞれ別の土俵で議論をたたかわせているからだと考えられる。この点を図示したのが図表5である。図表5にみられるように、移民問題・外国人労働者問題を議論する際には少なくても3つのことを峻別する必要がある。第1に、外国人労働者を将来受け入れるべきか否かという議論と既に日本にいる外国人労働者をどう扱うかという議論とは全く別の問題である。受け入れに反対だからといって今いる人を粗末に扱っていいということにはならないし、逆に、今いる人のケアが必要だからといって自動的に将来受け入れるべきだということにもならない。つまり、将来の外国人労働者受け入れ政策と今いる外国人に対する対策は分けて考えなければいけないのであるが、これまでの議論ではそれが峻別されてこなかったようである。第2に、定住移民の受け入れと出稼ぎ労働者の受け入れも峻別しなければならない。つまり、日本人として定住する人々の受入れと出稼ぎ労働者の受入れとでは日本の経済社会に対するインパクトが大きく異なるにもかかわらず、その区別があいまいなまま議論されることが少なくないようである。第3に、高度人材の受入れといわゆる単純労働者の受入れとはインパクトが異なってくるのでこの点も分けて考える必要があろう。こうしたことは言われてみれば自明のことであるにもかかわらず、これまでの議論ではともすれば混同される傾向にあったことは否めない。今後、外国人労働者の受け入れを円滑に進めていくためには上記のように議論を整理して冷静に考えていくことが重要である。

　しかし、今後30年間に生産年齢人口が2000万人以上も減少するという人手不足の深刻さを考えれば、外国人労働者受け入れを中心とした対策には限界がある。つまり、何千万人というオーダーの外国人を受け入れるのは政治的、経済的、社会的にみても現実的なものではない。したがって、女性の職場進出、生産性向上といった国内労働力の有効活用や国外労働力の間接的活用などさまざまな方策を総合的に講じていくことが重要である。

| 図表4 |

外国人労働者数の推移

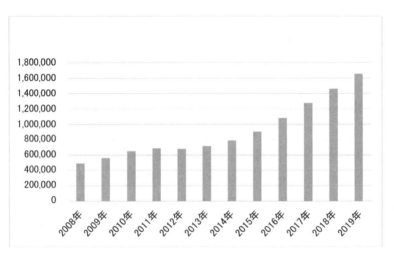

出典：厚生労働省「外国人雇用状況」のデータにより作成

| 図表5 |

外国人労働者問題への視点

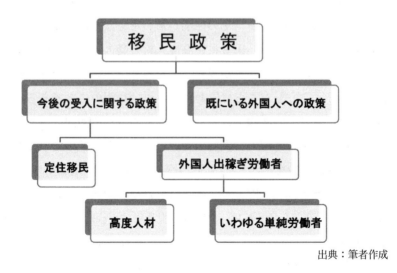

出典：筆者作成

2. 外国人労働力の間接的活用：国境を超えない移民と貿易自由化

　外国人労働力を活用する方策は、直接的な外国人労働者受け入れ（ヒトの移動）に限定されるものではない。まず、「国境を越えない移民」と呼ばれる現象に注目すべきである。これは、インターネットの普及や国際的運輸通信料金の低廉化等に伴う国際的アウトソーシングの増大として顕著にあらわれている。今日では、特に欧米の航空会社や他の大企業のコールセンターは世界各地に配置されている。たとえばアメリカの消費者がアメリカの航空会社に予約を入れようとして電話をした場合、賃金が低廉でかつ英語圏の途上国に設置されたコールセンターのオペレータが答えているというケースも少なくない。また、出版においても、タイプセッティングなどの労働集約的部分は途上国で行われ、メール添付ファイルや外部メモリーなどで本国に送り返されるというケースも多い。このように国際的なアウトソーシングに従事する途上国の労働者はしばしば「国境を越えない移民」と呼ばれその数は急増している。さらに、新型コロナウィルスのパンデミック感染により日本でもテレワークが増えてきているが、これを国際的に応用すれば労働者が国境を越えることなく外国企業で働くことも容易になるわけである。

　次に、ヒトの国際移動（外国人労働者受け入れ）の代わりに、モノの国際移動（貿易自由化）やカネの国際移動（海外直接投資）によって間接的に外国の労働力を活用することができることを忘れてはならない。たとえば、フィリピンやベトナムの人に日本に働きに来てもらう代わりに、日本の企業がフィリピンやベトナムに進出してそこで現地人労働者を雇用したり、現地で生産されたものを輸入したりすれば日本国内で生産する場合に比べて必要とされる日本人労働力を節約できる。つまり、労働者を輸入する代わりに労働集約財を輸入することによって、外国人労働力を間接的に活用しようというわけである。しかし、日本を始め多くの先進国は、繊維衣服製品などの労働集約財の輸入には、関税やさまざまな非関税障壁による厳しい貿易制限を課していることが多い。こうした貿易制限を緩和して労働集約財の輸入を増加させていけば、国内で

175
少子高齢化時代を生きる─国際労働経済学的視点によるアプローチ─

そうした労働集約財の生産に従事していた労働者が他の生産部門に移ることができ、人手不足が緩和されるわけである。ちなみに、貿易自由化による外国人労働力の間接的活用は、外国人労働者の直接的受け入れに比べてはるかに大きなインパクトがあるようである。例えば、筆者の研究によれば、実効関税率（関税率プラス非関税障壁の関税相当率）の5％引き下げ（13.29％➡12.63％）によって約300万人の外国人労働者受け入れに匹敵する労働力節約効果が見込まれるようである[1]。

第4節　国内労働力の有効活用

1. 生産性向上：配分生産性の重要性

　まず第1に、人手不足を回避するには広い意味での労働生産性向上が不可欠である。国立人口問題・社会保障研究所によれば、日本の生産年齢人口は2020年の7,509万人から、2050年の5,275万人へと、30年間で2,234万人減少（約30パーセントの減少）することが予想されている。しかし、生産年齢人口が30パーセント減少しても、労働生産性が30％向上すれば今と同じ生産レベルが維持できる。30年間に2,234万人減少というのは年率になおせば1％程度であり、かつて日本の生産性は年率3％以上の伸びを示していたことを忘れてはならない。

　日本経済全体での生産性を向上させるためには、投資や創意工夫を通じて事業所レベルでの単位生産性（unit efficiency）を引き上げるだけでなく、産業構造の変化を通じた配分生産性（allocation efficiency）を引き上げることが重要である。つまり、人手不足時代にあっては労働集約的な低生産性部門を縮小し、資本集約的・知識集約的な高生産部門を拡

---

1 詳しくは以下を参照されたい。

Junichi Goto（2007）, "Aging Society and the Choice of Japan: Migration, FDI and Trade Liberalization" in K. Hamada and H. Kato（eds.）*Aging and the Labor Market in Japan*, Edward Elgar Publishing Inc., Northampton MA. 2007

大して、日本経済全体としての生産性を高めることが不可欠なのである。

2. 女性の職場進出

　将来の労働力需給バランスがどうなるかは、生産年齢人口の推移だけでなく、「ある数の生産年齢人口のうち実際に働きに出る者（労働力人口）はどれだけか」という労働力供給行動の要因に大きく影響される。つまり、生産年齢人口が減少したとしても、労働力率が上がれば労働力人口の減少をくいとめることができる。女性、高齢者、若者などの労働力率が上がれば、必ずしも人手不足に見舞われるとは限らないのである。

　以下では、特に有望な女性の職場進出（労働力率の上昇）について考えてみよう。図表6は2020年における各国の女性の年齢別労働力率を比較したものである。これをみると日本や韓国においては特に子育て期に労働力率が低下するというM字型カーブを描いているのが注目される。諸外国と比べて低い女性の労働力率を上昇させることは、働きたい女性の福祉向上になるばかりでなく、人手不足を軽減する効果を有するものでもある。それでは、この人手不足軽減効果はどのくらいのマグニチュードを有するものであろうか。これに関し、筆者は簡単な推計を試みた[2]。これをみると、女性の職場進出による人手不足軽減効果は500万人〜1000万人と非常に大きいもので、将来の労働力不足の半分程度をオフセットできるようである。このように、女性の職場進出は、働きたくても働けない女性にとっての福祉増進だけでなく、少子化の進展によって将来深刻な人手不足に見舞われる日本社会全体にとっても非常に有効な政策であろう。

---

2 詳しくは後藤（2018）「労働力需給ギャップと技能実習制度の課題」『連合DIO（第31巻第5号）』参照。

| 図表6 |

年齢階級別女性労働力率

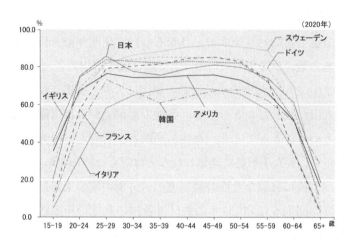

出典：労働政策研究・研修機構「データブック国際労働比較2022」

　現在の日本において女性の職場進出を妨げている要因としては、結婚・出産育児による退職、男女間格差（賃金および昇進）、メインストリームへの再参入の困難性などがあげられよう。つまり、女性は出産育児などで退職を余儀なくされることが多く、日本の社会ではいったん退職した労働者が再びメインストリームに復帰することは困難である。したがって、出産育児のため退職を余儀なくされることがないようにするとともに、いったん退職した女性も低賃金のパートだけではなくメインストリームに復帰できるようなシステム、いわば「再チャレンジを許容する経済社会の実現」をはかることが女性労働者の福祉の実現とともに将来予想される労働力需給ギャップの克服のためにもきわめて重要であろう。

第5節　おわりに

　上述のように、日本においても韓国においても少子高齢化の進行はき

わめて深刻なものであり、これへの対応は喫緊の課題である。その際、超長期的には出生率の上昇を図る人口学的対応が必要であるものの、少なくても当面は現在の人口およびその年齢構成を所与のものとしてとらえ、労働力不足や年金財政悪化に取り組む労働経済学的対応が重要なものとなってくる。つまり、「少子高齢化時代を生きる」覚悟が必要なのである。そのためには、生産性、特に配分生産性の引き上げや女性の職場進出をはかる国内労働力の有効活用や、直接的・間接的な国外労働力の活用が不可欠となる。さまざまな方策があるわけであるが、今後30年間に生産年齢人口が2000万人以上も減少するという人手不足の深刻さを考えれば外国人労働者受け入れによる対応には限界があり、女性の職場進出、生産性向上、国外労働力の間接的活用などが有望となってくるであろう。

　最後に、外国人労働者、特に非熟練外国人労働者の受け入れが国内労働市場の硬直化、格差の固定などにつながる可能性を指摘しておきたい。例えば、受入国の労働市場において、ある業種Aにおけるある職種Bが、低賃金や3K的労働条件のため国内労働者が敬遠し慢性的な人手不足に直面しているとしよう。この場合、労働市場が円滑に機能していれば、時間とともに、業種Aの職種Bにおいて賃金の上昇や労働条件の改善がおこり他の部門から労働者を引きつけられるようになるはずである。しかし、ここに低賃金や3Kをいとわない外国人労働者が流入してくると、業種Aの職種Bにおける賃金や労働条件の改善のインセンティブは減少あるいは消失して、労働市場が硬直化し他の業種・職種との格差が持続する。

　このように、経済的・社会的事象は様々なものが密接に関連しているものであるから、一部の側面をだけをみて全体を見ない、換言すれば木をみて森を見ないということがあってはならない。それぞれの政策の複合的な効果を勘案しつつ（経済学のことばで言えば一般均衡論的影響をみながら）、総合的な対策を講じていくことが必要である。つまり、外国

人労働者受け入れという国外労働力の直接的活用や、国境を越えない移民・労働集約財の輸入促進といった国外労働力の間接的な活用とともに、女性・高齢者・若年者などの国内労働力の有効活用、配分生産性を中心とした労働生産性の引き上げ等々さまざまな対策を講じながら「少子高齢化時代を生きる」ことが重要であろう。

参考文献

後藤純一（2021）「ヒトのグローバリゼーションと国内労働市場」『国際問題』No703 1–4 頁

後藤純一（2018）「労働力需給ギャップと技能実習制度の課題」『連合 DIO』第 31 巻第 5 号　4–9 頁

後藤純一（2013）「少子化対策を移民に頼るな：安易な移民政策は百害あって一利なし」『文藝春秋』2013 年 2 月号　410–416 頁

Junichi Goto（2007）, "Aging Society and the Choice of Japan: Migration, FDI and Trade Liberalization" in K. Hamada and H. Kato（eds.）*Aging and the Labor Market in Japan*, Edward Elgar Publishing Inc., Northampton MA. 2007

内閣府「令和 4 年版少子化社会対策白書」

半導体産業と CHIP4 の台頭について

近畿大学
金 泰旭

第1節　はじめに

　2018年から始まった米中間の貿易摩擦は、2023年の現在においては多様な分野まで拡散されている。特に、産業のコメとも呼ばれている半導体分野では、2022年のバイデン氏が提唱したCHIP4‐半導体市場を主導する4か国（米国、日本、台湾、韓国）間の経済同盟の形成は、4次産業革命という時代の流れと新冷戦体制という政治的な理由により、世界の半導体産業に大きな影響を与えている。

　よって、本研究では、CHIP4の台頭と半導体産業への影響について金（2003、2020）が提案した制度的アプローチを中心に半導体に定義と特徴、市場現況などについて簡単に説明し、CHIP4の概要と参加国への影響などについて経済安保の側面から分析を行う。

第2節　半導体と制度論との関係性について

　金（2002）は、半導体産業について、高度な技術と巨額の投資を要する産業であり、国際的な競争と協力が激しい産業であると定義した。また、半導体産業は制度や国際政治・産業環境の変化に敏感に反応し、企業のマネジメントに大きな影響を与えると指摘している。そして、半導体産業を取り巻く制度や国際政治・産業環境の影響に注目し、半導体産業の発展プ

ロセスを説明しようとする制度論的アプローチに注目した。なぜなら、半導体産業は制度的な要因によって大きく影響を受けるが、制度は固定的なものではなく変化するものだからである。したがって、半導体産業を分析する際には、制度の変化と企業の対応を考慮する必要がある。

第3節 半導体の定義と半導体産業の特徴

現在の科学技術文明の根底には、半導体の存在は必要非可決である。日本半導体製造装置協会によると、半導体とは、電気を良く通す金属などの「導体」と電気をほとんど通さないゴムなどの「絶縁体」との、中間の性質を持つシリコンなどの物質や材料のことである。

半導体産業は消費者の製品の高性能化、高信頼化、小型・軽量化、高精密化、高電力化、高集積化要求に対応して急速に発展してきた。半導体産業は他産業に比べて次のような独特な特性を持っている。

金（2003）によると、半導体産業の特徴は7つが挙げられる。

第一に、半導体産業は技術革新の速度が速い。使用素材や容量の大きさ、処理能力の技術発展速度が、従来の技術力より短い時間に発展・開発されている。例えば、1965年に、「半導体の集積率は18か月で2倍になる」と予測したムーアの法則は、2020年代に入ると物理的な限界により終えると予測された。しかし、台湾の半導体受託生産世界最大手であるTSMCによると、2016年に10nm（ナノメートル）プロセスだった半導体が、6年で2nmプロセスにまで微細化が進んだように、物理的・技術的な限界を超えて、技術革新を持続している。

第二に、半導体産業は代表的な知識集約型科学基盤産業（science-based Industry）である。素材として主に使っているシリコン等から高集積チップを製造するまでには、電子工学、鉱物学、化学、材料工学、物理学など最先端技術と科学的知識および関連分野の集約的な技術水準が要求される。したがって莫大な研究開発費の投入が産業的成功に必須要素とな

り、VLSI（超大規模容量半導体）時代に入った1980年代初以後、研究開発費が増加している。特に科学基盤産業でありながら、基礎科学知識の開発と商業的活用間の時間的格差が急激に縮小され、技術革新において基礎研究の重要性が最も大きくなっている。 基礎研究は製造技術と違って、国家との積極的な役割分担が必要となる。なぜならば技術的、商業的不確実性があまりにも高く、企業レベルではそのリスクを背負いきれないからである（金、2003）。

　第三に、半導体産業は前、後方連関効果による経済的波及効果が大きい。 半導体産業はその市場性によって、経済成長に寄与するだけではなく、電子製品の電力消費縮小、論理回路によるコンピュータの処理速度の増加、ロボットおよび工作機械の自動制御など、既存産業および他の先端技術産業に応用されていく。新製品の開発、既存製品の高性能化および高付加価値化、生産工程の自動化などに寄与し、間接的には他産業の生産性を向上させ、経済成長に大きな寄与をするのである。

　第四に、半導体産業は資本集約的研究開発型装置産業の性格を持っている。<図表1>のように、半導体産業では巨額の設備投資が要求される。さらに新技術開発および進歩のために研究開発投資は毎年上昇し、<図表2>に見られるように研究開発費が売上高の10％を上回っている。

| 図表1 |

半導体生産企業別事業備投資規模の推移

単位：ウォン

年度	2014	2015	2016	2017	2018	2019	2020
サムソン電子	143,156	147,229	131,513	233,456	237,196	225,649	328,915
SK hynix	52,150	66,480	62,920	103,360	170,380	127,470	99,000

出典：時事ジャーナル（2021）のデータを基に筆者修正

| 図表2 |

国家別半導体売上高対研究開発投資比率（2021）

単位：%

国家名	米国	中国	日本	台湾	韓国
R＆D投資比率	16.9	12.7	11.5	11.3	8.1

出典：IC Insights（2021）のデータを基に筆者修正

　第五に、半導体産業は莫大な投資設備に比べて製品寿命周期が短い。したがって、投資の危険負担が大きいために、国際的企業間の協力的関係増進および合作投資の動機を提示する。

　第六に、半導体産業は高集積化、高速化、高機能化を追求する。高い付加価値を追求、実現しながら汎用品との差別化が進んでいる。さらに、いままででは高集積化、低価格化などを実践しながら需要の基盤を広げてきた標準集積回路（IC; メモリなど）が性能面で製品差別化を実現することが難しくなってきたこと、また量産効果の追求のために過剰生産の憂慮が大きくなってから、注文型半導体（ASIC）の比重が急激に増加している（李、1992）。

　第七に、半導体産業はいくつかの工程に分れているが、その特徴は各段階別に自然的分離（Natural Division）が可能であることである。半導体生産は回路の設計、ウェーハーの加工、組み立て、パッケージ、テスト（機械的、電気的方法）など四段階の工程に分けられる。この中でもっとも重要な過程は設計とウェーハー加工段階であって、製品の質と歩留まりがこの段階でほぼ決まる。この段階は相対的に高級かつ熟練の技術人材が多く要求されるので通常は技術先発国で行われる。一方、組み立て生産段階は労働集約的段階で、労働力費用が生産費の大部分を占めるので、付加価値生産水準が低い。このような理由から1960年代中盤以後、アメリカの半導体組み立て生産施設は労働力が豊富である開発途上国地域、特に東南アジア地域に多く移転された。このような特性のために第三世界に移転された半導体組み立て施設は、技術的波及効果あるいは所

得効果がかなり低い飛び地経済（Enclave Economy）の性格を持つ。半導体組み立て生産段階での生産経験は、半導体生産に特徴的な経験による学習効果の蓄積と大きな関連性を持たないからである。

第4節　半導体産業の市場状況

　半導体市場は＜図表3＞のように、大きくメモリ半導体部門と注文型半導体（ASIC）、つまり、システム半導体分野の2つで分かれている。

| 図表3 |

メモリ半導体とシステム半導体の特性の比較

区分	メモリ半導体	システム半導体
市場構造	DRAM、NANDなど標準化された製品を中心に大量生産	部門別に特化した多様な品目が存在
生産構造	少品種大量生産	多品種少量生産
革新的な競争力	・大規模設備投資が可能な資本力 ・微細工程などハードウェア量産技術による原価競争力 ・先行技術開発および市場先取り	・設計技術 ・設計およびソフトウェア技術によるシステム機能 ・他社との性能・機能中心の競争
事業構造	総合半導体企業（IDM）中心	中小企業やスタートアップへの参加も可能
参加企業の数	・参加企業は非常に少ない ・資本リスクが高く、参入リスクが高い（中国は国家が資本リスクを除去する形）	・参加企業が非常に多い ・比較的資本リスクが低く、ベンチャーキャピタル活性化により多くの企業が参入すると予想される
主要企業	DRAM：サムソン電子、SK Hynix、Micronなど NAND：KIOXIA、SK Hynix、Micron、WDなど	ファブレス：INTEL、BROADCOM、NVIDIA、Qualcomm、AMDなど ファルンドリ：TSMC、サムソン電子、Global Foundries、UMCなど

出典：経済産業省（2021）、e-broadcasting（2021）の資料を基に筆者作成

まず、メモリ半導体は、データを格納するために使用される電子デバイスである。一般的に、コンピュータやデジタルデバイスで使用されるデータの一時的な保持や永久的な保存に使用される。メモリ半導体は、製品の性能や容量、応答時間に大きな影響を与える重要な要素である。メモリ半導体には、いくつかの異なる種類がある。代表的なものには、DRAM（Dynamic Random Access Memory）、SRAM（Static Random Access Memory）、NANDフラッシュメモリなどがある。これらの技術は、データのアクセス時間、電力効率、耐久性などの特性において異なる特徴を持っている。

　一方、システム半導体は、通常、マイクロプロセッサやマイクロコントローラ、デジタル信号プロセッサ（DSP）などの集積回路（IC）で構成される、システム全体の制御や処理を担当するデバイスである。これらのデバイスは、コンピュータ、スマートフォン、自動車、家電製品など、様々な電子機器に広く使用されている。システム半導体は、情報の処理や制御のために、演算ユニット、レジスタ、メモリ、インターフェース回路など、多くの機能ブロックを内部に持っている。

　これらの機能はデジタル回路やアナログ回路、ミックスドシグナル回路などの組み合わせで実現されている（Rabaey, 2016）。Gartner（2023）によると、2023年全世界半導体売上は11.2%減少し、全体売上規模は5320億ドルに達すると予想されている。2022年には5996億ドルの売上を記録し、2021年に比べて0.2%成長した。しかし、半導体市場の短期展望がさらに悪化するものと予想されている。特にメモリ半導体部分の変動幅が大きいものと予想される。また、メモリ産業が生産と在庫過剰で困難に陥っており、これは2023年平均販売価格に相当な圧力を加えるものと分析した。このため、2023年のメモリ市場は2022年より売上規模がなんと35.5%減少した923億ドルを記録するものと展望した。反面、2024年には70%増加し成長傾向に転じると予測した。

　新型コロナウイルス感染症と米中貿易緊張は脱税の戒めとテクノ民族主義の浮上を触発した。また、半導体は国家安全保障問題と見なされ

る。全世界の政府は半導体および電子サプライチェーンで自給自足を構築するために全力を尽くしている。これは世界中のオンショアリングイニシアチブ（Onshoring Initiatives）[1]、フレンドショアリング（Friend shoring)[2] の奨励を主導している。相当な期間続いたグローバル化の流れが脱税系化に方向を変え、半導体市場の生産と流通構造にも変化が始まったのだ。

第5節　CHIP4について

1. 背景

CHIP4とは、米国が主導する半導体同盟で、米国（原材料技術・機器・ファブレス）、日本（素材・機器）、台湾（ファウンドリー）、韓国（メモリ・ファウンドリー）の4カ国が参加している。この同盟は、半導体業界における米国の優位性を脅かす存在となっている中国を排除し、半導体製造における主要4カ国/地域でサプライチェーン同盟を構築することを目的としている。

CHIP4の背景はトランプ政権まで遡る。2017年8月、トランプ政権は「スーパー301条」を通じて中国の知的財産権侵害や強制的な技術移転要求などの不公正な貿易慣行を調査し、中国がこれに報復関税で対抗すると、米中貿易摩擦が本格化した。2018年末には、グローバル5Gインフラや機器市場をリードする中国のファーウェイが5G機器を使って米国をはじめ多数の国の情報を収集し、それを中国政府に提供しているとして、ファーウェイへの制裁を開始した（パク、2018）。つまり、中

---

[1] 組織や企業が過去にオフショア（海外にアウトソーシングや生産拠点を設立すること）した業務や製造活動を再び国内に戻すための取り組みや戦略を指す用語
[2] ある国が同盟国や友好国など近い関係にある国に限定したサプライチェーンを構築することを意味

188
経済・経営・社会

国のファーウェイに対する米国の制裁をきっかけに、先端技術戦争（Tech War）の様相に展開したと言える。

2021年バイデン大統領就任後、4大産業（半導体、バッテリー、重要鉱物・素材、医薬品）を中心とした米国のサプライチェーン再編の意思に従って、先端技術戦争の戦線がさらに拡大した。米国は同盟国とともにファーウェイへの制裁に成功し、国内技術力の再建、中国との技術サプライチェーンの切り離し（Decoupling）、米国主導の技術ブロック制度化などの技術牽制戦略に対する超党派的な支持を得る結果を出した。これにより、中国は5Gに関連する重要技術へのアクセスが困難になり、技術後退の危機にさらされた。そして、バイデン政権は2022年8月発表した「半導体科学法（Chips and Science Act of 2022）」などを通じて、米中先端技術戦争の第2段階として半導体への中国のアクセスを強力に遮断する戦略を試みている。また、2022年10月、米商務省産業安全保障局（BIS）が「半導体および半導体生産機器への対中輸出管理強化措置」を実施するなど、中国との半導体戦争を強化している。この過程で米国は中国半導体産業を圧迫しながら、「Chip 4」という同盟国やパートナー国を米国側に引き込むことで自国ポジションを強化していくことを目指している。また、EUにも協力を要請し、半導体製造以外に関連する様々な機器を中国に輸出できないようにした。

| 図表4 |

米国の対中国半導体産業への主要制裁推移

日時	米国政府の動き	主要内容
2020年12月	米商務省、中国ファウンドリー企業のSMICを取引制限企業リストに含める	取引制限企業に半導体装備を輸出するために米国政府の許可が必要。
2021年2月	バイデン大統領、半導体を含む4大品目のサプライチェーン調査を命令。	半導体、バッテリー、医薬品、レアアースの4大品目を100日間にわたって調査。

189
半導体産業とCHIP4の台頭について

2021年 7月	米商務省、オランダ政府にASML社装備の対中国輸出禁止を再要請。	最先端露光装備であるASMLのEUV装備対中国輸出中断持続。 （2019年6月、中国の輸出許可が満了して以来現在まで未更新状態）
2021年 9月	米商務省、半導体技術・装備の対中国輸出時に事前許可義務化。	自国の半導体技術・設備メーカーにSMICへの輸出は事前許可を要求。
2022年 3月	米政府、韓国・台湾・日本政府および企業に「Chip4同盟」の結成を提案。	中国を排除し、半導体製造全般のサプライチェーン再編。
2022年 10月	米商務省、対中国先端半導体装備の輸出制限措置を発表。	自国の半導体装備および米国の知的財産権（IP）が含まれた第3国半導体装備の対中国輸出制限。

出典：カン（2022,p.2）のデータを基に筆者修正

2. CHIP 4の現状

(1) 米国

　半導体に関する米国の中国牽制政策は、バイデン政権以前のトランプ政権（「半導体生産促進法案（CHIPS for America Act, 2020年6月）」と「米国ファウンドリー法案（American Foundries Act, 2020年7月）」）でも推進していた。

　バイデン大統領は就任直後の2021年2月、「米国サプライチェーン検討行政命令」を通じて半導体サプライチェーン検討を命令し、商務省は1年後、半導体製造および高度パッケージングサプライチェーン検討報告書と勧告事項を提出したが、その内容は国内半導体製造生態系の強化、人材パイプラインの構築、同盟国およびパートナー国と半導体サプライチェーン回復力向上、半導体製造および高度パッケージングサプライチェーンでの米国の技術的優位性保護などを勧告事項として提示した。また、上で言及した「半導体科学法」は米国内の半導体R&D、製造、人

材などに527億ドルを投入し、半導体製造および関連機器のための資本支出に対して25%に達する投資税額の控除を実施するという内容を含んでいる。また、商務省傘下の産業安全保障局（BIS）は2022年10月に、国家安全保障および外交政策的利益保護のために先端コンピューティングと半導体製造品目に対する対中輸出管理強化措置を発表した。

そして、CHIP4以外にも米-EU貿易技術委員会（U.S.-EU Trade and Technology Council, TTC）などを活用して欧州との半導体サプライチェーン協力を推進している。一例として、民主的価値を基盤とした大西洋横断貿易と投資拡大、技術・デジタル・サプライチェーン関連協力、共同研究支援などを目的として2021年に結成された多面的な二者実務グループで、2022年5月に第2回目の会議を開催した。会議では、半導体サプライチェーンの潜在的な混乱要因に対応するための早期警戒システム構築とともにサプライ安全保障や補助金競争回避のための半導体投資に大西洋的なアプローチをすることで合意した（産業通商資源部、2022）。また、半導体価値連鎖の脆弱性確認、半導体需給状況モニタリング・早期警戒システム構築、WTO補助金原則を遵守する透明な補助金・インセンティブ政策実施のための共同努力関連詳細プロトコルを公開することにした。しかし、半導体企業はサプライチェーンやサプライヤーに関する詳細情報公開に非常に敏感であるため、米国・欧州企業が政府とのサプライチェーン情報共有を嫌がると予想され、価値連鎖の脆弱点を十分に特定しても協力方案の合意点導出において摩擦発生可能性があると指摘されている。

(2) 日本

日本の半導体産業は1980年代に世界最高水準の売上を達成したが、米日貿易摩擦と積極的な産業政策から後退し、半導体設計製造分業というグローバルトレンドに対応を失敗、国内の企業再編に重点を置いて革新力向上や市場開拓で海外企業との連携の未推進などにより、半導体政

策の失敗と産業縮小の結果を招いた。その他にもバブル経済崩壊後の長期不況の中で民間投資が縮小し、半導体産業基盤整備が十分に進まなかった上に、経済・社会のデジタル化が広範囲に推進されなかったため半導体需要が満たされなかった点も原因として作用した（アン、2020）。

　このような内容をもとに、経済産業省は①国内半導体産業基盤強化、②経済安保国際戦略を二本柱とする「半導体戦略」を2021年6月に策定した。まず、国内半導体産業基盤強化戦略としては、先端半導体製造技術の共同開発やファウンドリーの国内誘致、デジタル投資加速化と先端ロジック半導体設計強化、半導体技術の緑色革新の促進、国内半導体産業のポートフォリオと回復力強化などを推進している。次に、経済安保国際戦略としては、先端技術インテリジェンス強化、米国、台湾、欧州など半導体産業主要国との協力を通じた国際共同R&D推進などがある。

　上記の戦略をもとに国内半導体生産基盤強化、次世代半導体設計技術確保、未来技術の研究開発の3つのステップに分けて推進中である。　まず、国内半導体生産基盤強化としては、日本の半導体合弁投資会社であるラピダスが2023年2月、北海道に2nm半導体工場の設立計画を発表した。そして、2022年6月に台湾のTSMCの熊本県半導体工場建設計画を承認した後、茨城県つくば市にTSMCの半導体研究開発センターを設立された。また、韓国のサムスン電子も神奈川県横浜市に2025年を目標に先端半導体デバイス試作品ラインを作ることにした。その他にも米国のKIOXIA・Westin DigitalとMICRONも三重県と広島県に工場建設を推進中である。

　次に、次世代半導体設計技術を確保するために2022年5月に「日米半導体協力基本原則」を締結した。その後2022年7月日本は「技術研究組合最先端半導体技術センター（LSTC）」の設立を発表し、米国「国家科学技術委員会（NSTC）」とLSTC間で次世代半導体開発のための共同研究開発推進に合意した。そして、次世代半導体の量産拠点を確保するための努力が、前述したラピダス設立である。

最後に未来技術の研究開発の場合、光電融合や量子など技術の研究開発でステップ２よりもさらに拡張された段階である。例えば2030年以降本格的に実現される見通しである量子コンピュータは２段階で開発した次世代ロジック半導体が使用されるでしょう。このような新しい事例適用を念頭に置いて長期的な研究開発を進めることがステップ３戦略である。これを実現するために米国、EU、ベルギー、オランダ、英国、韓国、台湾などと連携して次世代半導体の使用事例創出と共同研究を推進する計画である（産業通商資源部、2022）。

　このように、日本の半導体産業は米国、韓国、台湾などと積極的な連帯を通じて国内半導体生産拠点を確保し、次世代ロジック設計技術開発に力を注いでいる。また米国主導の友好国間グローバル半導体サプライチェーン構築が継続して進展していることが分かる。

(3) 台湾

　1960年代初めから台湾政府は、豊富な低技能労働力を基盤に半導体パッケージングや組み立てアウトソーシング製造施設誘致を決定した後、米国、日本と産業的関係を維持しながら半導体産業を育成してきた。特に、台湾の工業技術研究院（ITRI）は莫大な生産・設備投資費用により半導体市場の新規創業などに困難を感じているという事実を認識しながら、半導体設計と生産を分離する産業構造を提示した。そして、スピンオフを通じて伝統的なビジネスモデルの枠を壊す「TSMC」企業を設立し、生産施設がないか設備拡張に負担を感じる企業の半導体を代わりに生産してくれる委託生産（ファウンドリー）に乗り出した。これにより、企業はファウンドリーを通じて半導体設計にだけ集中できるようになり、多くの半導体企業出現が加速され、関連産業が発展するなど台湾半導体産業の新たな成長動力として定着した。

　台湾は初期の半導体委託生産産業構造の成長とともに、これを支える後工程とファブレス分野もともに発達する半導体産業の好循環構造を築

きた。すなわち、半導体委託生産の需要が高まると自然に外資が流入し始め、十分なマージンを基盤に台湾の半導体産業が成長できる基盤が整備されたのである。そして、長期間にわたる品質改善と設計技術の進歩でファウンドリーだけでなく後工程、ファブレス分野でもグローバル半導体国家と対抗できる台湾の半導体生態系が完成した。

　政策的には、2016年から推進している「5+2産業革新計画」の中で「アジアシリコンバレー（IoT）」「グリーンエネルギー技術」などのテーマは半導体産業発展と相当な関連性がある。また、2020年、「6大核心戦略産業」政策を発表し、「5+2産業革新計画」の7つの分野に焦点を当てて「情報・デジタル」「情報保安」「国防・戦略」「精密ヘルスケア」「グリーン電力・再生エネルギー」「民生・戦略備蓄物資」の6大戦略テーマを選定した。その中で、情報・デジタルは次世代半導体技術研究開発の重要性を強調し、シリコンウェーハー材料供給企業、半導体機器会社、ファウンドリー、パッケージング・検査企業など台湾半導体企業の協力を通じて既存技術を最適化することに重点を置いた。特に、次世代半導体コンポーネント・材料、先端製造プロセス、量子コンポーネントサブシステムなどの技術で継続的に先行開発を推進している。そして、情報保安と関連しては、半導体ウェーハーの最終製品品質向上に重点を置き、ウェーハー安全性検査技術開発、半導体分野の関連保護技術や安全機能確立に焦点を当てている。

　しかし、半導体生産供給網の安定化という戦略的国益追求が不可欠な台湾に対して、米国が急速に距離を縮めている最近の状況は中国に強い圧迫感を与えている。特に、米国の「半導体科学法」に基づいて台湾企業も補助金を受けることができるが、補助金受領後から10年間は中国で28nm未満の工程技術に新規投資が禁止されるため、米国政府は実質的に台湾に米国または中国の選択を試している状況である。また、習近平主席の3連任確定後、中国が習近平主席長期執権の正当性確保と中華民族復興を達成するために台湾を武力侵攻する可能性もあるという懸念が提起されており、台湾半導体産業の地政学的リスクが高まっている実情

である。

　このようなリスクを低減するために、半導体製造以外に機器・材料、ソフトウェア、IP など内外環境変化に脆弱な分野を克服し自給力を強化し、未来半導体技術の発展と革新のために様々な政策を提示している。特に、研究開発支援、半導体クラスター拡大、リショアリング奨励、人材確保や養成など外部依存度を低くする一方で、半導体生態系を強化して自国半導体産業の競争力向上しようとしている。また、TSMC は日本と米国に半導体量産のための工場を建設しており、現在ドイツでも車載用半導体工場建設のための敷地を探している最中である。このように、台湾は地政学的不安定性やウェーハー供給網バリューチェーン崩壊などをウェーハー対的に脆弱なメモリ、機器・材料への投資し、自国の半導体産業生態系をさらに強化することが考えられる（キム、2023）。

(4) 韓国

　韓国の半導体産業は、1960 年代半ば、米国企業が半導体の組み立てと包装を低質金国に移転することで始まった。1970 年代に入ると、韓国政府は商工部（現、産業通商資源部）の下に電子工業科を設置し、電子通信研究所を設立するなど、電子産業の育成のための体制を整えた。また、1974 年に「韓国半導体」が設立され、単純な組み立て包装レベルを超えてウェーハー加工と半導体チップ生産が始まり、1978 年にサムスングループに合併されることで、韓国の半導体の歴史が始まった。この流れに合わせて、韓国政府の政策も半導体産業育成を中心に様々な支援策を整えた。

　韓国の半導体産業はメモリ半導体が中心となり、1983 年にサムスン電子が米国、日本に続いて世界 3 番目に 64K DRAM の開発に成功した後、韓国政府も 1985 年に「半導体産業総合育成計画」を発表し、関連分野への支援を大幅に増やした。このような政策補助と企業の研究実績を通じて 1992 年には 64M DRAM を世界初で開発し、その後サムスン電子

は2002年、インテルに次いで世界2位の半導体企業に登りつめその地位を維持している。

　2000年代に入ると、韓国の半導体、特にメモリ事業はチキンゲームを主導するほど強力なパワーを持つようになった。原価競争力を持つ企業が後発者を牽制するために供給量と供給価格を調整する「ゴールデンプライス」戦略を通じて、韓国のサムスン電子とSKハイニクスは欧州と台湾との競争で勝ち、2009年にはメモリ世界市場シェアを55％まで引き上げた。2010年にストレージ媒体がハードディスクからナンドフラッシュ採用のSSD（Solid State Drive）へ変更されることで始まった2次チキンゲームは2017年まで続き、日本のエルピーダが負けることで終了し、世界半導体業界は生存企業で再編され、サムスン電子とSKハイニクスは最高の実績を残した。

| 図表5 |

世界主要国の半導体事業に関する政策

国家	日時	発表機関	政策名	主な内容
韓国	2021.5	韓国、産業部	総合半導体強国の実現—K半導体戦略	・政府は関連企業のために税金減免、金融、インフラ拡大など包括的な支援策作り。 ・国内短期技術追撃が難しい高品質技術海外企業誘致拡大、多様な機能単一チップ具現のための次世代半導体技術投資拡大、優秀人材養成、半導体研究開発税額控除率最大40-50%、設備投資税額控除最大10-20%に向上。 ・1兆円ウォン+@（約9億ドル）規模の半導体設備　投資特別ファンド新設、企業設備投資のため低金利融資支援提供。2030年までに半導体業界510兆ウォン+@投資で、世界最大の半導体産業チェーン構築目標。

196
経済・経営・社会

米国	2021.6	米国、国会	2021 米国のイノベーション。競争方案	半導体と半導体チップなど核心領域に 520 億ドル投資予定
日本	2021.6	日本、経産省	半導体・デジタル産業戦略	・自国の半導体産業チェーンにおいて先端先進型半導体（Logic など）方面が不足しているという弱点を認識し、日本主要産業の安定的生産（情報通信、新エネルギー車）原材料部品確保のために国内生産企業の合資工場設立奨励 ・先進技術の導入によるスマート化：世界半導体産業の先頭走者として原材料、生産設備技術に基づく関連技術の向上を推進することを日本の発展方向に策定。 各国と産業政策との協力を強化・疎通し、特に米国との協力を基に台湾及び欧州などの地域と協力発展し、国際共同開発研究の推進
EU	2021.3	欧州委員会	2030 デジタル羅針盤：ヨーロッパデジタル 10 年の道	2030 年までに EU の先端・持続可能な半導体産業の生産規模を最低全世界総生産額の 20% まで向上（生産効率は現在の 10 倍水準に向上）
米国	2020.10	米国、国会	米 CHIPS 法案	一連の米国半導体製造業の連邦投資を促進することが含まれており、このうち約 100 億ドルは米国半導体製造設備の購入を奨励するために活用される。 同法案は、新規半導体免許装備の購入に対する税金控除も含まれている。
米国	2020.10.	SIA、SRC	半導体 10 年計画	半導体シミュレーションハードウェア、メモリ、コンピューティング関連領域の研究開発支援目的で今後 10 年間毎年 34 億ドルの連邦投資を米国政府に要請する。

出典：KOTRA 上海貿易館（2022）のデータを基に筆者修正

　しかし 2020 年以降、韓国政府の政策はこれまで中国との経済協力と米国との安全保障協力間のバランス維持に重点を置いていたが、韓国最大産業の一つである半導体産業が米国と中国間の対立の中に置かれることで困難な状況に直面した。半導体産業とは異なる分野であるが、2016

年、韓国に THAAD ミサイル基地が設置された後、韓国企業に対する中国政府の報復を経験した韓国政府と企業は、CHIP4 同盟に対して消極的な措置を取っている。特に、韓国の懸念材料としては、サムスン電子とSK ハイニクスが販売・製造面で中国に依存しているため、CHIP4 のパートナーシップ構築により、事業に打撃を受けることになるだろうとされていた。一方で、両社とも製造技術や半導体設計ソフトウェアの分野では米国に依存している状況にある。

　このような状況の中で韓国政府は、グローバル半導体産業での超格差を維持するために様々な政策を推進している。2019 年 4 月の「システム半導体ビジョンと戦略」から始まり、「人工知能半導体産業発展戦略（2020年 10 月）」、「K- 半導体戦略（2021 年 5 月）」、「半導体超強大国達成戦略（2022 年 7 月）」などを次々と発表したが、これはメモリ半導体に偏重している韓国の半導体産業構造を転換し、グローバル半導体産業で超格差技術を維持するための支援内容を含んでいる。これを実現するために、人材育成や関連ファンド育成および税額控除の拡大、海外に進出した半導体企業のリショアリング支援など、国内半導体エコシステムの成長基盤を整えている（産業通商資源部、2022）。

　一方では上記で述べたように、中国との経済協力と米国との安全保障協力間のバランス維持に重点を置いていたが、現在では 2 択問題に置かれることになったことについて、韓国政府は非常に慎重な立場を示しており、CHIP4 参加によって予想される機会と脅威についてより明確に判断するために様々な政策研究や産業研究を進めている。

第 6 節　結論

　半導体産業は制度的な側面が強く、企業の能力だけでなく、政府政策、外交関係など、技術を媒介に経済と安全保障の問題が結びついて産業分野の重大な政治的意思決定が行われている。2023 年 1 月の米日首脳会談

や、2023 年 5 月に開催された韓米首脳会談では、経済安全保障の観点から半導体分野の協力は他の軍事的課題と同じくらい先延ばしできない死活的実践課題となったことを確認したところである。また、米国議会は経済安全保障の次元で米国内半導体産業に総額 520 億ドルを支援する半導体産業育成法案を可決することで、米国内工場を増設することにしたインテル、TSMC、サムスン電子など、テキサスに工場を増設することにした半導体関連企業に補助金が支給される見通しでいる。

　一方で、米国の国内経済安全保障の側面からインテルなど米国企業育成に焦点を当てた補助金支給の可能性も存在している。最近話題になった「インフレ抑制法（IRA）」のように、大規模な設備投資を約束した海外の自動車企業を補助金対象から除外したことがある。実際に 2018 年にファウンドリー事業から一度撤退したインテルは最近米政府支援に力を得て再参入を宣言し、スマートフォン設計企業である台湾のメディアテックとパートナーシップを結び、驚異的な成長物量を確保している。これは開放性に基づく技術共有とグローバル化を制限し、技術保護主義、さらには「半導体民族主義」まで変化する危険性を内包している。

　CHIP4 で象徴される近年の米国の半導体供給網再編構想は必須不可欠な半導体生産の各段階での弱点を経済的な同盟を通じて埋めようとする試みである。しかし、ここに留まらず、中国を先端技術の供給網から遮断することで半導体競争意志を長期的にくじきたいという第二の目標も含んでいる。それでは、CHIP4 に参加する各国に今必要なことはこのような「供給網再編の大戦略」の下で部門別に各国の相対的位置と戦略的能力について冷静に診断することになるでしょう。

　CHIP4 の参加国は現実的に米国や中国のように全体供給網の設計者ではなく、各段階での優位性をすべて確保しようとする試みも望ましくないのである。技術力と経済的価値、国家安全保障を複合的に考慮するべき技術地政学の観点から見たとき、各国の最善のシナリオは持続可能な技術競争力を維持でき、それを通じて市場を確保すると同時に、同盟を

より結束させて安全保障を強化することである。逆に、避けなければならないシナリオは新しい半導体供給網から除外されると同時にこの3つの価値がすべて脅かされる状況と言えるだろう。このような目標を考慮して半導体供給網安全保障を確保するにあたって各国は過剰安全保障化論を避け、再編過程での自国の現実と合致する精巧な戦略を模索しなければならない。

参考文献

アン・ギヒョン（2020）「主要国の半導体産業の政策動向および時事点」『イシュー分析179号』、情報通信企画評価院

李正雨（1992）、『韓国電子産業の競争力源泉に関する研究』、韓国経済研究員

カン・サンジ（2022）「近年の半導体装置の交易の動向および時事点」『TRADE FOCUS'22-25』、韓国貿易協会

金泰旭（2002）「企業行動に関する制度論と資源ベース論の統合に向けて：半導体産業の先行研究レビューを中心として」『經濟學研究』第51巻第4号, 117-149項

金泰旭（2003）「企業行動に関する制度論と資源ベース論の統合に向けて：半導体産業の先行研究のレビューを中心として」、『北海道大学博士学位論文』

金泰旭（2020）『研究開発中心型強小企業のイノベーションプロセス―日韓4社の比較事例分析』、中央経済社

キム・ドヒョン（2023）「台湾半導体産業の生態系の構造および時事点」『イシュー分析239号』、情報通信企画評価院

経済産業省（2021）『半導体戦略』、経済産業省

産業通商資源部（2022）『米・中技術覇権戦争2.0―半導体戦争』、グローバルイッシュー特集

時事ジャーナル（2021）のデータを基に筆者修正

パク・ビョングァン（2018）「米・中の貿易戦争の背景と時事点」『イシュー

ブリーフ 18-48』、国家安保戦略研究員

e-broadcasting（2021）『半導体産業』、e-broadcasting 半導体関連資料集

Kang, S. M. (2016). CMOS Digital Integrated Circuits: Analysis and Design. McGraw-Hill Education.

KOTRA 上海貿易館（2022）『中国半導体市場の動向』、KOTRA

Rabaey, J. M., Chandrakasan, A., & Nikolic, B. (2016). Digital Integrated Circuits: A Design Perspective. Pearson.

IC Insights ホームページ

http://www.icinsights.com/（2023 年 5 月 3 日アクセス）

Gartner ホームページ

https://www.gartner.com/en（2023 年 6 月 1 日アクセス）

観光地競争力の観点から見た
観光資源としての万博の効果
―関西万博の意義と今後の釜山への示唆―

京都大学
若林直樹

第1節　関西観光地の国際競争力向上と万博の効果

　2025年4月に大阪市で開かれる予定の「2025年日本国際博覧会（略称：大阪・関西万博）」は、全世界から多くの来訪客を迎えて、世界的な観光地域としての関西への注目を集めることが期待されている。国際万国博覧会（以下、「万博」）は、最近の30年を見ても、上海万博の7000万人を筆頭に、2000万人を超える高い集客能力を示す国際的なメガイベントである。その面では、新型コロナウィルス感染症の流行で大幅な落ち込みを示した関西地方や釜山をはじめアジアの有力都市の観光再生にとって起爆剤になることが期待されている。

　近年、国際的な観光経営学の領域では、五輪、サッカーワールドカップをはじめとした国際的なメガイベントの経営とその誘客効果に関する研究が進んでいる (Salzer et al. (eds.), 2017)。メガイベントは、現象として国際観光市場において顕著な集客能力を示しており、多くの国や地域での観光政策において新たな観光資源として注目されている。だが、他方で、メガイベントは、効果が短期的にとどまることやそのレガシーの活用の巧拙での長期的な観光需要への影響が同時に懸念されている。関西地方や大阪市が、2025年万博のレガシー（遺産）を活用して、どのような特色を持つ観光地として国際市場にアピールするかが重要な課題となるだろう。

こうしたメガイベントは、観光地の集客や経済的収入を変えるのだろうか。近年、観光経営学においては、観光地が、観光市場において集客や収入などで持つ能力の高さについて、「観光地競争力（destination competitiveness）」として議論され、その内容と開発の効果や手法が国際的な研究関心を高めている（Pike, 2016）。本論では、観光地競争力の開発の観点から、万博を契機にした大阪や関西地方の観光地競争力のあり方について検討したい。そのために、観光地競争力という視点、観光地マーケティング戦略のあり方、メガイベントという観光資源の活用、そしてメガイベントのレガシーの展開について議論したい。

確かに、大阪市や関西地方は、歴史、伝統、食、ビジネス、エンターテインメントなどの面で多様で豊富な観光資源を有する。ただ、関西地方の観光地はこれまで国際市場における観光地競争力の向上の面から議論されてこなかった。だが今後の持続的な観光地開発を考えると今後は重要な課題だろう。また、釜山などのアジア有力都市のメガイベントを通じた観光地競争力開発にも示唆となる。

第2節　ポストコロナ期での観光再生と万博開催の課題

1. ポストコロナ期での関西地方の観光再生

ポストコロナ期における関西地方の観光再生にとって、万博は大きな意味を持っている。新型コロナウィルス感染症流行をきっかけとした観光活動自粛や国際観光客の急減は、国際的に観光地や観光産業に対して重大な打撃を与え、関西地方もその悪影響を強く受けた。大阪府でも2019年の宿泊者数4034万2639人が、コロナ禍の起きた2000年には1653万2032人へと6割減少し、観光産業は大打撃を受けた[1]。近畿地方

---

1 大阪府観光統計調査の2024年公表資料より。次を参照。https://www.pref. osaka.lg.jp/kanko/toukei/index.html

204
経済・経営・社会

全体でも、インバウンド観光客の面では、コロナ禍のせいで関西観光はかなり落ち込んだ（図表1）。観光地においては、観光活動が停滞し観光スポットも休業や閉鎖をしたところも多く、観光産業においても企業や事業者の経営低迷や労働力の流出による人材不足などの問題も出てきている。その意味では、大阪・関西万博の開催は、国際観光市場における大阪および関西地方の観光地や観光産業の再稼働を促進するものと期待される。

| 図表1 |

近畿地方への外国人入国者数の推移

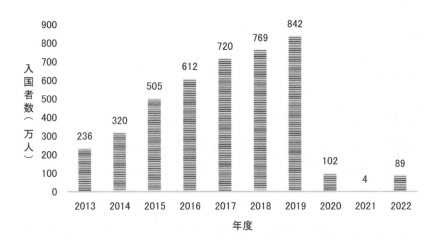

出典：国土交通省の公表データより筆者作成。https://wwwtb.mlit.go.jp/kinki/koutsu/kankou/00001_02380.html

2. 万博の集客効果と関西地方の課題

万博は、現代においても高い集客力が期待できる国際的なメガイベントである。前回の大阪万博6422万人、上海万博の7308万人は別格としても、大体半年間で2000万人前後の集客を行っている（図表2参照）。海外からの出展者だけではなく来訪客数も多い。

| 図表2 |

1970年以降の主要国際博覧会の入場者数

開催年	開催国	名称	テーマ	来場者数 (万人)
1970	日本	日本万国博覧会(大阪万博)	人類の進歩と調和	6422
1992	スペイン	セビリア万国博覧会	発見の時代	4182
1993	韓国	大田 (テジョン) 国際博覧会	発展のための新しい道への挑戦	1401
2000	ドイツ	ハノーバー万国博覧会	人間・自然・技術	1800
2005	日本	2005年日本国際博覧会 (愛知万博)	自然の叡智	2204
2010	中国	上海国際博覧会	より良き都市、より良き生活	7308
2015	イタリア	ミラノ国際博覧会	地球に食料を、生命にエネルギーを	2150
2021	アラブ首長国連邦	ドバイ国際博覧会	心をつなぎ、未来を創る	2410

出典：経済産業省資料、大阪府資料もとに、筆者作成。大田以外は、国際博覧会協会の一般
　　博、登録博。以下を参照。https://www.meti.go.jp/policy/exhibition/dubai/report.
　　pdf.https://www.pref.osaka.lg.jp/attach/25447/00207317/shiryou_2sankou3.pdf.

　来訪者数の規模や開催運営の実績だけではなく、会議施設、宿泊施設の拡充や都市、交通体系などの整備が行われるので、国際的観光地としてのブランドの価値向上につながる面もある。特に、MICE（Meeting, Incentive travel, Conference, and Events：ビジネス会議 、研修旅行、国際会議、イベント）のビジネスにおいては、設備の充実だけではなく、運営の経験やノウハウ、人材やサービスの育成は、国際的な会議誘致の獲得にとって重要な産業基盤の形成につながる。さらには、万博を契機とした新たな来訪者誘客(Visitor attractions) の重要な要素である施設

やイベントの形成は、観光客一般に対する魅力を高めることになる。

　他方で、大阪および関西地方の国際的な観光地としての集客能力の面での課題も大きい。万博は、長期的には、これを契機としたビジネス・ミーティングや、見本市や国際会議などの MICE ビジネスの発展につながる。だが、大阪市自体の国際市場での国際会議誘致能力には問題が多い。コロナ禍があったため、万博開催都市であるにもかかわらず、2022 年の大阪市の国際会議実績のランキングは、トップ 3 のウィーン 162 件、リスボン 144 件、パリ 134 件に比べるとわずか 5 件で世界 326 位と落ち込んでおり、京都市 29 件の 66 位に比べても差が大きい[2]。まずは、国際会議の誘致能力とその運営能力の再構築の必要がある。また、関西全体でも国際インバウンド観光客向けのナイトタイムエコノミーやエンターテインメントにおけるインバウンド観光客への魅力でも大きな課題を抱えているので、この面での観光イノベーションも必要だろう。

　観光地競争力の開発においては、大阪市および関西地方には課題がある。大阪・関西万博を契機として、関西地方の国際的な観光地としてのビジョンの形成、アジアにおける観光地としての国際的な位置づけの検討、ターゲットとする顧客セグメントの分析、国際的な広報プロモーション活動の戦略、魅力を作り出す観光資源や観光スポット、観光サービスのイノベーションが必要となるだろう。

第 3 節　観光地競争力とメガイベントのもたらす効果

1. 観光地競争力の視点

　今日、観光地は、その魅力やブランド、資源、受入能力等の面から、集

2　データは ICCA の次の資料に基づく。ICCA.（2023）．Business Analytics 2022: Country & City Rankings. https://iccadata.iccaworld.org/statstoolReports/ICCA_Rankings-22_ICCA-Rankings_170523b.pdf

客面や経済面での能力に違いがあり、それが大きく違っていると議論されている。21世紀に入って、2018年の14億人規模へと国際観光客市場の急速な拡大がコロナ禍前まで続いており、多くの国や地域が観光ビジネスを重要な経済的収入源と考えるようになってきた。そして観光地が、国際的に拡大する観光客や彼らの旅行機会をどれだけ獲得できるかが重視されてきた。観光地競争力論を提唱したカナダ・カルガリー大学のリッチーらによれば、観光地競争力とは 観光地が旅行者数、それに伴う経済的収入を拡大し、そして観光地住民の幸福を増進させるような能力と定義される（Ritchie and Crouch, 2000）。それは旅行者に対して品質の高いサービスを提供し、記憶に残る経験を与えることでもたらされる。

　こうした観光地の競争力にとって、主に次の9つの条件が重視されている（Pike, 2016：25-48）。

　① 国際旅行市場での有利な位置づけの獲得（市場戦略、ブランド）
　② 収益性の高い観光ビジネスの成長
　③ 交通アクセスの容易さ
　④ 魅力的な自然や都市などの環境
　⑤ 観光客の有意義な経験の提供
　⑥ 幅広い投資の誘導
　⑦ 協力する観光産業コミュニティの形成
　⑧ 地域住民の支持
　⑨ 観光地経営組織（DMO）の組織能力の高さ

2. 観光資源の活用能力とライフサイクル

　先のリッチーらは、観光地の競争力を上げるのは、豊かな観光資源の存在に加えて、観光地経営に関わる観光地経営組織（DMO (Destination Management Organization)）が持っているそれらを活用する能力が重要だと考える。観光地経営組織は、観光地経営全般にあたる組織であり、

208
経済・経営・社会

日本では地方での観光振興協会、DMOや地方自治体の観光振興部門が
その役割を担うべきと考えられている。リッチーらは、観光地が、優れ
た資源を保有、蓄積しているだけでは集客や経済収入の拡大にはつなが
りづらいと主張する。観光地経営組織が、それを活用して、観光地での
観光の魅力や品質を高める戦略の策定、アクションプランの計画、そう
した活動やそれに対する投資を促進する活動を進めることが必要である。

観光マーケティング論のスティーブン・パイクによれば、観光地にお
いて、観光地経営を行う団体や企業などの観光地経営組織は多様な資源
を活用しながら、観光地競争力を開発できる (Pike, 2016: 175－176)。
それらは、①自然資源、②文化資源、③人的資源、④開発した資源（交
通アクセス、インフラ、観光スポットなど）、⑤財務資源、⑥知的財産（ブ
ランド商標、ライセンスなど）、⑦ステークホルダーとの関係、⑧政治的
な協力、⑨DMO組織の持つノウハウや知識、⑩その実践に関する能力、
⑪伝統や歴史などのような観光地のブランドなどがある（図表3）。

こうした資源において、開発される資源に関連して、インフラや設備
等のハード面だけではなく、ソフト面でのイベント、特に国際的なイベ
ントが重要な資源として注目されている。自然や文化、インフラや観光
施設や観光スポットの魅力だけで集客するのではなく、ある期間にイベ
ントを開催することでそこに「今」旅行する重要な意義を発信して、多
くの観光客を誘客する。具体的には資源やイベントを活用した観光地マー
ケティング戦略の実施である。観光地は、自らの魅力やあるべき姿を観
光ビジョンに展開し、それに沿ったイメージを広報プロモーションし、
自らの独自のブランドをつくる。そして市場でターゲットとする顧客セ
グメントに対してアプローチを行う。

ただ、多くの観光地は、その保有している資源とイベントの持つ魅力
については賞味期限を持っている。観光学者リチャード・バトラーは、
有名な観光地のライフサイクルモデルを唱え、多くの観光地が長期的に
は自らの資源や魅力の点で時代遅れになっていくことがあると、衰退し

ていく傾向を指摘した（Butler, 1980）。観光地は、その競争力を維持、発展させるためには、その魅力が低下し、資源が劣化した場合には、改革をして活性化する必要がある。そのために活性化能力の高さも重要である。

| 図表3 |

DMOにとって観光地競争力の源泉となる資源の例

自然資源：立地、景観、気候
文化資源：人、歴史、言語、料理、音楽、美術工芸、伝統と風習
人的資源：地域労働力のスキル、労使関係、業界サービス基準、地元住民の意識
開発資源：交通、インフラ、人工的なアトラクションなど
財務資源：DMO予算、民間マーケティング資源、経済、資本量、新規投資
法的資源：ブランド商標、ライセンス、ビザに関するポリシー
関係性：業界内外の統合と提携、流通、ステークホルダーとの協力関係
政治的な協力：税制、財政政策、投資優遇措置、インフラ投資など
DMO組織の持つ知識：統治構造、従業員の能力、経験、定着率、組織文化、イノベーション、テクノロジーの導入、柔軟性、顧客サービス志向、創造的な対応能力、市場志向、マーケティング情報システム、顧客セグメントや観光ニーズの専門知識
実践能力：市場志向性、持続可能な観光開発計画、ブランド開発、プロモーション、予約のしやすさ、ステークホルダーへの対応の一貫性
観光地ブランド：歴史、旅行者とのつながり、友人や親戚のネットワーク、斬新さや流行り、ブランドの認知度、過去の訪問への満足度、知覚価値など

出典：Pike, S. 2016, .175, table 8.8を筆者修正

3. イベントの効果の短期性

　五輪や万博のようなイベントは、テーマパークのような人工的な誘客施設となる観光スポット（Visitor attractions）と並んで現代の観光地競争力を発展させる上で重要な観光資源として認識されつつある。多くの国や地域、観光協会が様々なイベントを展開しながら、観光客に広報プロモーションを行い、幅広く集客しようとしている。ワイデンフェルドらによれば、イベントは、集客や観光産業の発展、雇用の拡大などの経済効果だけではなく、レガシーのような長期に渡るブランド効果、新たな文化の創成や復興、社会発展の上での効果が見られる（Weidenfeld et al.,2016:176-180）。

　だが、他方で、ワイデンフェルドらも、イベントの集客効果における短期性や限定性を強く懸念する。確かに、五輪などのメガイベントは、集客効果は高い。だが、ハード施設がリニューアルされやすい観光スポットと比べると、イベントは、開催時から時間がたつと魅力が薄れやすく賞味期限問題がある。したがって、観光地の長期的な発展のためには、イベントのレガシー（遺産）を活用した新たな観光スポットや観光サービス、観光体験の開発が検討すべき課題である。ロンドン五輪のレガシーが代表的である。大阪および関西地方は、2025年万博の開催を契機にして、その遺産（レガシー）をもとに、観光地の資源やサービスをリニューアルし、魅力を増すことが求められている。

第4節　観光地マーケティング戦略展開での万博ブランドの活用

1. 観光地マーケティングの戦略展開

　万博開催の課題は、それを通じて2000万人の集客を行い、運営経験を持ち、国際的な観光地ブランドの形成を行ったことを、大阪・関西地方の観光地マーケティングに活かしていくことにあるだろう。そのために、観光地マーケティングのポイントを整理しよう。

先のパイクは、観光地マーケティング戦略が次のプロセスを経て展開すると整理する（Pike, 2016 : 163-164）。

① 観光地としてのビジョンや基本的な価値の策定
② 市場環境の分析
③ マーケティングの目標やターゲットとなる顧客セグメントの絞り込み
④ マーケティングのアクションプランの策定や実施
⑤ その成果の評価と戦略の見直し

したがって、大阪や関西地方の観光地経営組織は、自らの観光地としての価値やビジョンを国際的に展開することが求められる。それは、関西地方が強みとする、歴史と伝統、ホスピタリティ、エンターテインメント、そしてテクノロジーが中心要素である。

2. 観光客の顧客セグメントの多様化

特に、観光地マーケティングの現在の議論では、観光地の経営では、国際観光市場において、とるべき位置付け（ポジショニング）を決めて、それに対応したターゲットとする顧客セグメントを選択することが肝要である。そして、DMO は、それらのターゲットに対して効果的なアクションプランの策定と実施を行う。

同時に、顧客のライフサイクルや将来の重点顧客も考えるべきだろう。現在来ている主要な顧客セグメントを判別して、そこを強化すると同時に、現在あまり来訪していない別の顧客セグメントで望ましい層にアプローチする。例えば、2010 年代後半のインバウンド観光客では、中国が主で、欧州や北米、豪州からが少なかったので、欧米顧客を増やす戦略が検討された。特に、コロナ禍を経験して、特定の顧客セグメントに集中するのではなく、顧客セグメントの多様性を増やすことがリスク管理の面で重視されるようになった。したがって、顧客セグメントの設定で多様性を高める

マルチレベルセグメンテーションを行うべきだろう (Weaver and Lawton, 2016：ch.6)。つまり地域、性別、年齢、職業、目的などの個人属性だけではなく、心理的、感情的な行動欲求も加えた複数の次元でより細分化することである。例えば、アドベンチャー・ツーリズムのプロモーションは、冒険好きという心理特性を持つ顧客の特性を重視する。そして、それぞれの顧客セグメントが求める経験価値に応じた観光の商品とサービスの提供を行う。

　これらをふまえると、韓国や中国などアジアからの来訪者が多い関西地方は、こうした顧客セグメントをより細かいグループに分割、分析して、関西地方の歴史や伝統、ホスピタリティやエンターテインメント、テクノロジーに関して、きめ細かい広報プロモーションを行うべきだろう。それも来訪者市場の現地 SNS を通じて行うと効果的である。

3. 観光地マーケティングにおける資源とイベントの活用

　多数の来訪者が来る万博では、国内、インバウンド共に、関西地方に多様な顧客セグメントのグループがふれるよい機会である。万博の開催と運営の成功は、来訪者を通じて海外の顧客に対して、開催地に対する感情的なよいつながりをつくりだし、ビジネス面での信頼を高める効果が指摘されている（Lee et al., 2014）。大阪市や関西地方は、万博を契機にして、多様な来訪者達により高い信頼感を持ってもらえる。

　ただ、観光地競争力増進への貢献の観点からすると、色々な観光の資源やイベントは、異なる価値を持つ。パイクは、戦略論の VRIO モデルに基づき、資源評価についての４項目を打ち出している（Pike, 2016）。つまり資源やイベントは、①価値があるか、②稀少なものか、③他者が模倣不可能か、④自分たちが利用できる体制になっているかの４点の評価項目である。この４つの特性を持つ観光資源やイベントは、観光地の競争力を高める効果がある。ただ資源に価値があるレベルでは、絶対的な競争力にはならない。つまり、資源やイベントがある顧客セグメント

を引きつける価値があり、他の観光地にまねできないというだけでは弱い。さらに観光地経営する側が活用可能であるかが、集客力や経済効果の拡大につながる。

　大阪・関西万博というメガイベントを活用しながら、関西地方が観光地競争力を上げるためには、関西地方が求める多様な顧客セグメントを引きつけることがまず重要である。それには、多様なニーズに応えるように、資源を磨き上げると共に、イベントや集客施設を企画開発していく必要がある。関西地方の観光地経営組織（DMO）が、地域の持つ独自の歴史と伝統、エンターテインメントとホスピタリティ、そして技術とビジネスに関わる資源を活用して、独自の魅力を作り出していく方がよいだろう。具体的には、そのために国際観光客に向けたエンターテインメントやナイト・エコノミー、そしてイベントを企画、開発する取り組みが求められる。またビジネス客に対しては、国際的な会議都市として大阪や関西の諸都市を発展させる取り組みも必要である。

第5節　ポスト万博における観光地競争力と IR

1. 観光地競争力をあげる資源としての IR

　MICE 産業の発展に加えて、ポスト万博での観光地競争力の開発において IR（Integrated Resort（統合リゾート））施設が、カジノやエンターテインメントだけではなく、MICE 施設としても競争力を発展させる要因として注目されている。

　IR 企業の中核事業であるカジノビジネスは、観光地競争力拡大を進める効果を示している。カジノ産業は、独自の観光産業として 1990 年代以降、国際的に急速に成長してきた（Jacob, 2017）。カジノは、大量の新規訪問者を誘客する重要な観光資源として注目されており、多国籍企業が米国やアジアの多くの地域で開発し、展開している（Gunsch, 2017; Weaver and Lawton, 2014）。

ただ、21世紀に入り、カジノ産業は、カジノを一つの核としながらも、総合的なエンターテインメント産業に変貌しつつある（佐々木, 2011: 67-9）。カジノや宿泊、レストラン、バーなどの部門だけではなく、ショッピングモールなどの小売事業、コンベンション施設、展示会施設などのMICE事業、スポーツ施設、ショー、イベント、動物園、博物館などのエンターテインメント事業への多角化を積極的に進めてきている。こうしたカジノ事業や、ホテル、レストラン事業だけではなく、エンターテインメント事業への多角化を行い、複合的なレジャー設備を持つ巨大な事業として成長してきている。図表4のように、米国のラスベガスでのホテル産業の売上高の構成を見ても、非カジノ部門の売上は成長してきており、1984年の41.4％から2019年には52.0％へと半分以上に成長している（UNLV Center for Gaming Research, 2023）。

2. エンターテインメント産業への総合多角化

　こうしたカジノ企業の非カジノ部門への多角化は、カジノに関心のない観光客を多く吸引し、新たな観光地の競争力を作り出している。今日、IR企業は、自らをゲーミング・エンターテインメント産業（Gaming Entertainment Industry）と名付けている。そして、そこでの新たな顧客像は、「社会的なギャンブラー（Social gambler）」とされており、家族や友人集団、企業等のグループで訪れる顧客を重視している（Walker ,2017: 295）。つまり、彼らが滞在中にギャンブルだけを行うのだけでなく、他の活動（社交、買物、スポーツ、エンターテイメント体験など）を行う。カジノを楽しむ者もいれば、カジノに関心がなくてもエンターテインメントを楽しむ者がいる顧客グループを重視している。

　IR企業は、非カジノ部門への多角化を進展させると共に、事業の成長と国際化を進展している。代表的な企業として、MGM Resorts, Suns, Wynn等がある。大阪に進出予定のMGM Resortsは、米国ラスベガスを本社とする代表的な多国籍企業で、カジノ部門だけではなく、非カジノ部門の成

長が著しく、国際進出も積極的に行っている。非カジノ部門としては、レストラン、ショッピングモールだけではなく、会議場、ゴルフコース、スポーツ施設、スポーツイベント、ショー、サーカス、水族館などの様々な事業へと多角化しつつある。そのために、MGMのラスベガスでのホテルでの売上高は、非カジノ部門の売上が77.8％に上り、うちエンターテインメント事業は、19.8％で、カジノ部門の売上比22.2％に近づいている。有力なIR企業は、潤沢な収益を元に、観光資源開発に積極的な多角化投資を行っている点が、従来の観光企業とは異なっている。

|図表4|
ラスベガスのホテル産業におけるカジノ／非カジノ部門の売上比率の推移（1984-2022年）

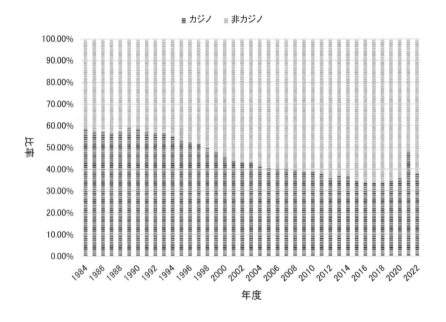

出典：UNLV Center for Gaming Research.（2023）．より筆者作成。

3. IR の経済効果と社会的影響

IR 企業の中核事業は、ラスベガスやマカオでは高成長であり、高収益である。そのために、地域経済に対する経済的な影響は大きく、その発展に寄与してきた。ラスベガスの経済成長への貢献は大きく、他の都市でも似た傾向が見られる（佐々木、2011）。他方で、ビジネスとしての公正さ、ギャンブル依存症、治安への影響、地域社会への影響等の様々な社会問題も懸念されている（佐々木、2018）。シンガポール等の都市政府や、MGM Resorts 等の有力企業の取り組みに見られるように、社会問題是正への対応が求められる。特に関西への IR 進出についての日本政府の日本政府審査委員会の評価でも社会、環境問題への対応について強く求められている（『週刊トラベルジャーナル』2023 年 6 月 12 日号）。

第 6 節　万博を契機とした関西地方の観光地競争力の発展に向けて

万博は、世界の多様な地域の参加を得て行われ、数多くのインバウンド観光客が来訪する。コロナ禍で打撃を受けた関西地方の観光地の再生にとっては大変よい機会となる。

大阪市や関西地方が、国際観光市場において、多様な顧客セグメントを引きつける競争力のある観光システムを再構築できるかが大きな課題となっている。確かに、大阪市や関西地方は、国内的にも国際的にも、歴史、文化、食、エンターテインメントそしてホスピタリティの面でも豊富な観光資源を有する。だが、それによる観光地競争力の開発については議論が乏しい。そのためには、観光地経営組織が、関西地方のもつ独自の観光資源を磨き上げ、多くの国際観光客に対して享受してもらい、質の高い観光体験を持つように取り組むべきだろう。例えば、レジャー客を引きつける国際的水準でのエンターテインメントやナイトタイムエコノミーの開発であり、国際的なビジネス客を引きつける MICE 産業の発展だろう。

特に、従来の関西地方の観光開発では、顧客セグメントの多様性や、彼らのニーズへの多様性に対応して、観光地としての競争力の向上を図る視点は弱かったと思う。単純に、富裕層や欧米観光客という単純なくくりではなく、より細かく顧客セグメントを分けて、ベジタリアンやLGBTQ、アクティビティをしたい観光客など、様々な観点で分けた多様な顧客セグメントを詳細に分析し、それらに対応する観光サービスを育て、それぞれを引きつける国際マーケティング戦略を展開したほうがよいだろう。そのために、資源とイベントの活用を通じた観光スポットや観光サービスのイノベーションが効果的である。確かに IR 企業は、社会的な問題もはらむが、観光企業として事業の多角化やイノベーションを積極的に行う点は注目される。

　従来はインバウンド観光客について量的増大を目指し、ともすれば安売りする関西観光ビジネスのイメージが強かった。ただ、持続可能なツーリズムの視点で見ると、量的拡大や稼働率の高さだけに頼るビジネスモデルでは限界があるだろう。個々の顧客に対して良質な観光体験を提供するサービス・イノベーションが必要だろう。また、2030 年万博誘致で苦杯を飲んだ釜山をはじめアジアの有力都市も、万博をはじめメガイベントの効果を認識して、アジアの良さを活かしたグローバルな観光地競争力開発に取り組む必要があるだろう。

「成功はゴールではなく、失敗は終わりではない。継続することが最も重要だ。」
　　　　　　　　イギリス元首相　ウィンストン・チャーチル

参考文献

Butler, R.W. (1980). "The concept of tourism area cycle of evolution: implications for management of resources," *Canadian Geographer* 24, 5-12.

Gunsch, K. (2017). "Casino tourism, Asia and Pacific." In Lowry, L. L. ed. *The SAGE international encyclopedia of travel and tourism*. Vol.1, Los Angels: Sage.

Jacob, F. (2017). "Casino tourism, U. S." In Lowry, L. L. ed. *The SAGE international encyclopedia of travel and tourism*. Vol.1. Los Angels: Sage.

Lee, Y., Kim, S., Lee, C., and Kim, S. (2014). "The Impact of a mega event on visitors' attitude toward hosting destination: Using trust transfer theory," *Journal of Travel & Tourism Marketing*, 31(4), 507-521.

村山貴俊. (2021).『観光学概論』、創成社。

Pike, S. (2016). *Destination marketing*, 2nd ed. Abingdon, Oxon Routledge.

Salzar, N. B. et al. (2017). *Mega-event mobilities : a critical analysis*. London : Routledge.

佐々木一彰. (2011).『ゲーミング産業の成長と社会的正当性』税務経理協会。

佐々木一彰. (2018).「ゲーミング産業の社会的コスト」、『余暇ツーリズム学会』5, 1-8.

社団法人日本交通公社編. (2019).『観光地経営の視点と実践』(第2版). 丸善出版。

UNLV Center for Gaming Research. (2023). Nevada casinos: Departmental revenues, 1984-2022. Retrieved at http://gaming.unlv.edu.

Walker, J. R. (2017). *Exploring the hospitality*. 3rd ed. Peason.

Weaver, D. and Lawton, L. (2014). *Tourism management*. 5th ed. Milton, Qld. : John Wiley & Sons.

Weidenfeld, A. and Leask, A. (2016). "Event, visitor attractions, and the event-attraction continuum." In A. Weidenfeld et al., *Visitor attractions and events: Locations and linkages*. London : Routledge, 18-32..

Weidenfeld, A. Butler, R. and Williams, A. M. (2016). *Visitor attractions and events: Locations and linkages*. London: Routledge.

Ritchie, J. R. B, and Crouch, G. I. (2000), "The competitive destination: A sustainability perspective," *TourismManagement*,21 (1) ,1-7.

観光業における日韓協力の新たな可能性についての検討

近畿大学
金 相俊

第1節 はじめに

1. 日韓の観光業の現状とその重要性

　日本と韓国の観光業は、両国の経済にとって重要な役割を果たしている。具体的に言うと、2021年、日本の国内観光消費がもたらす生産波及効果（直接効果を含む）は18.8兆円、このうちの付加価値の効果は9.9兆円であり、これにより156万人の雇用効果があるという結果である。これは日本のGDPの1.8%、就業者総数の2.3%に相当する。この数値はコロナ禍の影響を考慮する必要があり、影響を受けなかった2019年の場合、これらの数値は約3倍高かった[i]。韓国の統計方法は日本とは異なっており、テーマ毎に細分化されている[ii]。例えば、文化体育観光部の最新の報道資料によると、2022年の夜間観光の経済的波及効果は、生産誘発効果が1兆3592億ウォン、付加価値誘発効果が5309億ウォンである。また、就業誘発効果は15,835人、雇用誘発効果は9,093人と示されている[iii]。この数値が示す内容だけでなく、日韓の観光研究者による多くの研究でも明らかになっている[iv]。

　歴史的、文化的に密接な背景を持つ両国は、それぞれ独自の魅力を持ち合わせており、多くの観光客を引き寄せている。しかし、政治的緊張や歴史認識の違いなど、様々な課題も抱えている。

　日本は世界的にも有名な観光地としての地位を確立しており、美しい

自然、伝統文化、先進的な都市生活を同時に楽しむことができる。特に桜の季節や秋の紅葉、そして雪景色など、四季折々の自然が観光の大きな魅力となっている。また、富士山、京都、奈良といった世界遺産も国内外から多くの観光客を惹きつけている。

　一方、韓国は歴史的な宮殿や寺院、そして近代的な韓流文化が融合した独特の魅力を持つ国である。とりわけ、K-POPやドラマの影響で、若者を中心に世界中から観光客が訪れている。韓国料理や美容、ショッピングなど、多岐にわたる魅力があり、訪れる人々を魅了し続けている。

　しかし、これらの魅力にもかかわらず、日韓の観光業はいくつかの共通の課題に直面している。時には、これらの問題が観光交流に悪影響を及ぼすこともある。また、文化的誤解や言語の障壁も、より良い観光体験を妨げる要因となっている。

　経済的な面では、為替レートの変動や経済政策の相違も観光業に影響を与えている。特に、両国間の貿易摩擦や経済制裁が観光業にも波及し、観光交流の障害となることもある。さらに、観光インフラの整備や地域間の経済格差の是正も、今後の課題として挙げられる。

　観光業は日韓両国にとって経済的にも文化的にも重要な産業である。先に述べた課題を乗り越え、両国間の交流をさらに促進することが、持続可能な発展につながる面で非常に重要である。

2. 本稿の目的と構成

　本稿の目的は、日本と韓国の観光業が直面している共通の課題を特定し、それらの課題に対する解決策を提案することである。両国の観光業は、歴史的背景や政治的緊張、文化的誤解など複雑な要因によって影響を受けている。これらの課題は、観光客の数や観光体験の質に直接的な影響を与え、結果として観光産業全体の持続可能な発展を妨げている。

　本稿では、まず日韓両国の観光業の現状を詳細に分析し、具体的な課題を明らかにする。次に、これらの課題に対処するための具体的な方向性を

提案し、両国間の観光交流の促進と観光業の持続可能な成長を目指す。

　とりわけ、現状の問題を克服するための取り組みが重要であり、これらに対する新たなアプローチは両国の観光業にとって欠かせないものとなる。また、経済的な課題、特に為替レートの変動や経済政策の違いが業界に与える影響についても検討し、安定した観光市場を構築するための方策を探る。

　さらに、観光の地域偏重の問題に対しては、地方の観光資源を活用し、地域間の経済格差を是正するための方向性を示す。このようにして、日韓両国の観光業者が共に直面する課題に包括的な理解を深め、双方にとって有益な交流の促進と発展を目指すことが、本稿の最終的な目標である。

第 2 節　日韓観光交流の潮流

1. 日韓国交正常化以降の観光交流

　日韓国交正常化後の観光交流の歴史は、政治的・経済的な波及効果や文化的な交流の拡大という面で重要な役割を果たしてきた。1965 年の国交正常化以降、両国間の観光交流は着実に増加し、多くの分野で協力関係が築かれている。観光交流は相互理解と友好関係の強化に寄与し、経済的利益だけでなく文化的な魅力の共有という意味でも大きな価値を持つ。

　初期の段階では観光交流は比較的限定的な範囲にとどまっていたが、時間が経過するにつれて旅行の自由化、ビザ要件の緩和、航空路線の拡充などが進み、観光客の数は大幅に増加した。特に 2000 年代に入ると、K-POP やアニメといったポップカルチャーの影響もあり、若年層を中心に両国間の観光交流はさらに活発化している。

　しかし、歴史や領土問題などが観光交流に影響を与えるケースもある。こうした緊張関係が表面化すると、一時的に観光客の数が減少することもあるが、基本的には両国民の間には友好的な感情が根強く存在しており、長期にわたる影響はなかった。

近年では、COVID-19パンデミックが世界的な観光業に大きな影響を与えたが、これを機により持続可能で安全な観光交流のあり方が模索されている。パンデミックが一段落した後の回復フェーズでは、日韓両国の観光業は新たなチャレンジに直面しつつ、さらなる協力の可能性を探ることとなった。

国交正常化以来の観光交流は、両国間の経済的発展に貢献する重要な要素となり、歴史的な課題や現代の挑戦にもかかわらず、観光を通じた交流は引き続き両国関係の重要な柱の一つであり続ける。

2. 政治・歴史的要素と両国の観光

政治的要素は日韓の観光交流に大きな影響を及ぼしてきた。1965年の国交正常化以降、経済、文化、そして観光の分野で両国間の交流は大幅に拡大した。しかし、歴史的な課題や領土問題などの未解決の政治的要素が時折観光交流に影響を与えることがある。

政治的緊張が高まると、観光業に直接的な影響が見られることがある。例えば、2012年の独島を巡る緊張は、両国間の観光客数に大きな影響を与えた。この期間、日本人観光客の韓国訪問減少と同様に韓国人観光客の日本訪問減少が見られた。これは、国民感情の悪化とメディア報道が旅行意欲に影響を与えたためである。2018年には、韓国最高裁が日本企業に対して徴用工問題で賠償を命じた判決が緊張を再燃させ、特に日本への韓国人観光客の減少が見られた。

一方で、政治的関係が改善すると、観光交流は急速に回復する傾向にある。2002年の日韓ワールドカップは、両国間の友好を促進し、その後の観光客の増加につながった。スポーツや文化イベントは政治的障壁を越えて交流を促した一例である。

これまでの日韓交流は、緊張と友好関係の波に大きく左右され、両国の政治的判断が国民感情に影響を及ぼし、それが直接観光交流に反映されるケースがある[v]。直近のデータによると、慰安婦問題について2015年に日

本と韓国は「最終的かつ不可逆的な解決」を目指す合意に至ったが、この合意は韓国国内での反発も大きく、未解決の課題として残っている。この時、多くの日本人は韓国内での日本人に対する感情を懸念し、韓国への渡航者数が前年の228万人から19.4%減少して183万人にとどまった[vi]。

また、2019年に日本が韓国に対して輸出管理を強化し、「ホワイト国」リストから韓国を除外する措置が行われた。これに対して韓国も日本製品のボイコットを含む対抗措置を取り、双方の関係はさらに悪化した。その結果、「NO JAPAN」という運動が起こり、この年の韓国人の訪日者数は前年の753万人から25.9%減少し、558万人にとどまった。海外旅行の特性上、数か月前に予約され、取消料を考慮する必要がある中、やむを得ずの渡航や、潜在的な需要の減少を考えると、その被害は表面上数字より甚大であるとされる[vii]。

しかし、文化やスポーツなどの分野での積極的な交流は、障壁を超えて両国の関係改善に寄与することが明らかである。長期的には、相互理解と尊重に基づく交流の促進が、両国の観光業にとって最も重要な鍵となる。

慰安婦問題や教科書問題など、長年にわたり両国の関係に影響を与え続けた課題も存在する。これらの問題に関する両国間の見解の違いや解決をめぐる交渉の難航は、時に国民感情を刺激し、観光交流に悪影響を与えることがある。これらの問題がメディアで大きく取り上げられると、韓国からの日本への訪問者数が減少したり、日本人旅行者の韓国訪問が控えられたりすることがある。

3. ビザポリシーの変更とその影響

政治的軋轢は国際関係においてビザポリシーの変更をしばしば引き起こし、日韓関係においても同様に相互のビザポリシーに影響を与えることがある。これは観光交流を含む両国間の人的交流に直接的な影響を及ぼし、経済的な損失や文化交流の機会損失を引き起こす可能性がある。

これまで日韓間で発生した緊張の際には、観光客やビジネス関係者を対象としたビザ発給の厳格化が見られることがあった。ビザの取得が困難になると、観光客の減少やビジネスの機会損失が発生する。相互に訪問の意欲があるにもかかわらず、ビザの取得が難しくなれば、そのプロセスの面倒さや不確実性が人々の訪問意欲を削ぐ。ビザポリシーの厳格化は、特に短期間の観光やビジネス目的の訪問者にとって大きな障壁となり、ビジネスの商談や短期間の観光旅行など、事前に計画された多くの活動がビザの問題でキャンセルされることがある。これにより、ホテル業界や旅行業界、小売業など観光に関連する様々なセクターが経済的な影響を受ける。

さらに、学術交流や文化交流の機会にも影響が現れ、学生や研究者、アーティストが留学や研究、文化イベントのために相手国を訪れる際にもビザが必要となり、これらの活動が制限されることがある。結果として、両国間の理解促進や友好関係の構築に不可欠な交流の機会が損なわれる。

政治的緊張によるビザポリシーの変更は、短期的なものであっても長期的な影響を及ぼす可能性があり、一度損なわれた信頼を回復するには時間がかかるため、問題が解決された後も観光客数の回復には時間が必要となる。そのため、政治的緊張が観光交流に与える影響は、ただちに顕著な経済的損失をもたらすだけでなく、両国間の人的な絆の弱体化をも引き起こす可能性がある。

第3節　文化的誤解とその解消

1. 言語の違いとコミュニケーションの障壁

日韓間での言語の違いとコミュニケーションの障壁は、多岐にわたる日常のシチュエーションやビジネス、観光などの分野で顕著に見られる。これらの障壁がどのような形で現れるか、具体例を挙げる。

まず、観光分野での言語障壁では、日本を訪れる韓国人観光客や、韓

国を訪れる日本人観光客は、しばしば言語の違いに直面する。例えば、観光地での案内看板やメニュー、交通機関の利用方法に関する情報が相手国の言語で十分に提供されていない場合、混乱や不便を感じることがある。特に、英語が共通言語として用いられることが多い中で、英語に不慣れな訪問者はさらに困難を感じることがある。

　次に、日韓間のビジネスコミュニケーションにおいても、言語の違いは大きな障壁となり得る。直近の研究では、（株）YORO JAPAN（2018）の調査[viii]では、68.8％の外国人がネイティブレベルの日本語力を求められると回答しており、言葉の壁で苦労していることが明らかになっている。また、金(2017)[ix]は、多国籍企業の言語戦略が知識移転に与える影響を分析、日本企業の特殊性を踏まえた実証研究の方向性を検討し、国際経営における言語戦略の重要性が広く認識されている中、特に日本企業を対象とした研究はほとんど行われておらず、アジア企業に適合する効果的な研究が求められている。さらに、機能部門別の言語戦略の影響も検討されるべきであると強調している。そして、現場の声として、李氏[x]は旅行の手配において日韓両国の言語や文化を理解できる人材の確保に大きな困難に直面していると述べている。また、日本や韓国以外の国から日本語ができる人材を確保することもあると指摘している。また、株式会社プラザオーサカの辻氏[xi]は、外国人スタッフ12名中で韓国語を話せるスタッフが退職し、適任者の募集に苦労していると述べている。適任者が見つからない理由として、言語の壁を超えるためには人材の確保が重要であり、情報発信の窓口となるWebサイトの多言語化も必要であると指摘している。しかし、多言語化には手間やコストがかかり、これに対応する人材の確保も簡単ではないとされている。

　商談や会議での細かなニュアンスが正確に伝わらないことで、誤解が生じる可能性がある。一例で、日本語の「はい」が単なる相槌や理解のしるしとして使われることがある一方で、韓国語の同等表現は同意を意味する場合が多く、このような微妙な違いが混乱を招くことがある。ま

た、社会文化的な背景の違いも、言語を超えたコミュニケーションの障壁となる。例えば、直接的な表現が好まれる韓国文化と比べて、日本文化では間接的な表現が一般的であり、同じ言葉でも異なる文化的背景に基づいて解釈されることがある。このような違いが、お互いの意図を正確に理解することを難しくしてしまいがちである。

　これらの言語の違いとコミュニケーションの障壁を克服するためには、相互の尊重の精神が不可欠である。言語教育の推進や翻訳技術の利用、文化交流プログラムの活性化などが有効な手段となる。また、双方の言語及び文化に対する教育を深めることで、よりスムーズなコミュニケーションが可能になる。日韓間での言語とコミュニケーションの障壁は、積極的な対話と理解によって克服できる課題である。

2. 社会的慣習とマナーの違い

　日韓間での社会的慣習とマナーの違いは、互いの国を訪れる際に誤解やトラブルの原因となることがあり、異なる文化背景を持つ両国民がこれらの違いを理解し、尊重することが重要である。ここでは、そのようなトラブルの具体例と解消方法について述べる。

　日本では、相手の地位や年齢、関係性に応じて敬語を使い分ける文化があり、一方、韓国も敬語の使用が一般的であるが、その使い方には微妙な違いがある。日韓間のコミュニケーションにおいて、不適切な敬語の使用が相手を不快にさせる原因になることもある。

　また、靴を脱ぐ習慣も、日本では家や一部のレストランに入る際に靴を脱ぐ習慣があり、韓国でも伝統的な家屋や宿泊施設では同様の習慣があるが、公共の場所でのルールが異なる場合がある。この違いが訪問者にとって戸惑いの原因となることがある。

　解消方法として、訪問前に相手国の社会的慣習やマナーについて学ぶことが、トラブルを防ぐために非常に有効である。ガイドブックやインターネット、文化交流センターなどのリソースを活用し、基本的なマナー

228
経済・経営・社会

や慣習を学ぶこと、事前の情報収集と教育、簡単な挨拶や日常会話を学ぶことが、コミュニケーションの障壁を低減し、相互理解を深めるのに役立つのである。また、言語学習を奨励し、学校や地域コミュニティでの文化交流プログラムや交換留学を通じて実際に異文化を体験する機会を持つことが大切である。

さらに、文化的な違いから生じる誤解やトラブルに対して柔軟で寛容な態度を持つことが重要であり、壁を超えた友情と協力の構築には個々人の努力と両国間の積極的な交流が不可欠である。

3. 食文化の違い

日本と韓国は地理的に近く、アジア文化圏に属しながらも、独自の食文化を発展させてきた。これらの食文化の違いは、料理の味付け、食材の使用方法、食事のマナーや習慣に顕著に表れている。

味付けと調理法の違いにおいては、日本の食文化は、素材の味を生かすことに重点を置き、塩、醤油、味噌、酢などのシンプルな調味料を用いることが特徴である。これにより、食材本来の風味を引き立てる調理法が好まれ、例えば、寿司や刺身では新鮮な魚の味を直接楽しむことができる。

一方、韓国の食文化は、唐辛子、ニンニク、生姜、醤油などを用いた濃厚でピリッとした辛味が特徴であり、キムチやビビンバ、チゲなど、辛味と多様な味わいが融合した料理が多く、食事に活気を与えることが特徴である。

食材の使用方法の違いにおいては、日本料理では魚介類の使用が非常に豊富であり、四季折々の魚介を使った料理があり、その調理法も焼き、煮、揚げ、生など多岐にわたることが特徴である。また、野菜や海藻も日常的に多用され、バランスの取れた食事が好まれる。

韓国料理では、発酵食品が非常に重要な役割を果たしていることが特徴である。キムチはその代表例であり、さまざまな野菜を用いた多種多様なキムチが存在している。また、肉料理も豊富で、焼肉やブルゴギな

ど、肉を主役とした料理が人気である。食事のマナーと習慣の違いについては、日本では、食事を始める前に「いただきます」と言い、終えた後には「ごちそうさまでした」と感謝の意を表している。また、箸の使い方にも独特のマナーがあり、直接料理を指したり、箸で食べ物を渡すことは避けられている。

　韓国では、食事の際に大きなテーブルを囲み、多くの料理をシェアするスタイルが一般的であり、家族や友人とのコミュニケーションを大切にし、食事を通じて親密さを深めている。また、年長者が最初に食事を始めることが礼儀とされている。

　日本と韓国の食文化の違いは、それぞれの国の歴史、気候、地理的条件に根ざしている。これらの違いを知り、理解することは、両国の文化をより深く学ぶ上で貴重な機会である。食文化は、異文化交流の窓口とも言えるものであり、食を通じてお互いの国を尊重し、新たな発見をすることが可能である。

第4節　経済的な問題と観光

1. 通貨の変動と観光業への影響

　通貨の変動は、観光業に直接的な影響を与える重要な要因の一つである。日本円（JPY）と韓国ウォン（KRW）の為替レートの変動は、観光客の流れや観光産業の収益性に影響を及ぼし、日韓の観光業における意思決定にも影響を与える。以下に、通貨の変動が日韓の観光業に与えた影響の具体的な事例を挙げる。

　2012年から2013年にかけて、日本円は対米ドルで強い水準を保っていたが、この時期、日本円の強さは海外からの観光客にとって日本旅行が高価になることを意味していた。例えば、2012年には1USDが約80JPYであったため、アメリカ人観光客にとって日本での消費コストは比較的高くなっていた。同様に、この円高は韓国ウォンに対しても強い

230
経済・経営・社会

水準であり、韓国からの訪日観光客にとっても費用負担が大きくなっていた。その結果、訪日外国人観光客数の伸びが鈍化した時期があったのである。

逆に、2017年から2018年にかけて、韓国ウォンが相対的に強い水準を示した時期があった。このウォン高は、韓国人観光客にとって海外旅行、特に日本旅行が割安になることを意味していた。この期間中、韓国からの訪日観光客数は増加傾向にあり、日本国内の観光地や商業施設では韓国人観光客の消費が活発化していた。これは、ウォン高によって韓国人観光客の購買力が増し、日本でのショッピングやグルメ、宿泊などの観光消費が促進されたためである。一例で、2023年の4月から6月の期間における訪日外国人の消費額は、2019年の同期と比較して約95％まで回復している。費目別の割合を見ると、買物代は大きく低下し、宿泊費や飲食費は上昇している。訪日外国人（一般客）一人当たりの旅行支出は、2019年の同期の水準を超え、20万5千円となっており、これは2019年4月から6月の期間の15万5千円に比べて32％増加している。この増加は、平均泊数の伸び、円安、物価上昇の影響などが考えられる。

| 図表1 |
日本のインバウンド回復状況（消費額）

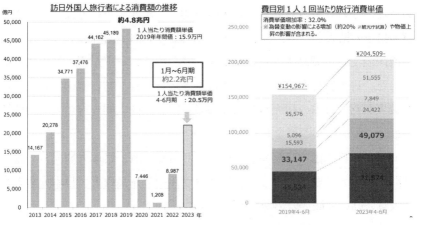

出典：観光庁ホームページより引用

通貨の変動は、観光業にとってリスクとチャンスの両面を持つものである。通貨が強い国からの観光客は、相対的に消費能力が高くなり、通貨が弱い国の観光産業は収益性が低下する可能性がある。そのため、観光業界は為替レートの変動に対して柔軟に対応し、多様な市場から観光客を引き寄せる戦略を取ることが重要である。

要するに、円安の時期には海外からの観光客を積極的に誘致するキャンペーンを展開する、またはウォン高を利用して韓国からの観光客に特別なプロモーションを打ち出すなど、通貨変動を戦略的に活用する取り組みが考えられる。このように、日韓の観光業は通貨の変動によって大きな影響を受けることがあるため、その変動を見極め、適切な対策を講じることが、観光業の持続的な成長を目指す上で可能である。

2. 経済政策と貿易摩擦

日韓間の経済政策や貿易摩擦は、過去に観光業にも影響を及ぼしてきた。経済的な緊張が高まると、それが引き金となり、観光交流に甚大な影響を与えることがある。具体的な事例として、2019年に発生した日韓間の貿易紛争が挙げられる。日本政府は、韓国への半導体製造に必要な3つの重要な化学物質の輸出管理を厳格化した。これは、徴用工問題を背景にした歴史的な問題が原因で、日韓間の緊張が高まっていた時期であった。この経済政策と貿易摩擦の影響は、観光業界にも波及し、この貿易紛争の結果として、日本への韓国人観光客数に影響が出たのである。

韓国内で日本製品の不買運動が起こり、そのムードが観光業界にも広がった。日本旅行をボイコットする動きが見られ、訪日韓国人観光客数が減少した。日本の観光地や商業施設、特に韓国人観光客に人気の地域では、この影響が顕著であった。

同様に、日本国内の反韓感情の高まりも見られ、日本人観光客の韓国訪問が減少する要因となった。特にソウルや済州島など、日本人観光客に人気の高い地域での影響が指摘されている。

このような経済政策と貿易摩擦が観光業に与える影響に対処するためには、政治的・経済的な問題を観光産業から切り離して考えることが重要である。両国政府や観光業界は、政治的な緊張を緩和し、友好増進を図る取り組みを強化する必要がある。

第5節　日韓の観光交流における共通の課題

1. 観光の地域偏重とその問題点

　日韓両国では、観光の地域偏重が顕著な問題として認識されている。特定の観光地や地域に観光客が集中することで、経済的・社会的な不均衡が生じ、持続可能な観光発展を妨げる要因となっている。以下に、日韓それぞれの地域偏重の具体例とその問題点を述べる。

　日本における観光の地域偏重の典型的な例は、京都である。特に秋の紅葉シーズンや春の桜の季節には、国内外から多くの観光客が京都を訪れる。これにより、京都の主要な観光スポットでは過度の混雑が発生し、地元住民の生活に影響を与えるほか、観光地としての魅力の低下にもつながっている。

　地域偏重による混雑は、観光体験の質の低下を招くだけでなく、地域社会における生活環境の悪化、インフラへの過度な負担、環境破壊などの問題を引き起こす。また、観光収入が特定の地域に集中することで、地域間の経済格差の拡大も懸念される。

　韓国では、済州島が観光の地域偏重の例として知られている。済州島は、自然の美しさや独特の文化で知られ、多くの観光客を魅了している。その人気により、一部の観光地では環境への負荷が増大している。特に、観光ピーク時には交通渋滞やごみ問題が顕在化している。

　済州島のような観光地域偏重は、地域の自然環境への過度な負担を引き起こし、持続可能な観光開発を妨げる原因となっている。また、観光客の過度な集中は、地元住民の生活環境を悪化させることがあり、地域コミュニティとの間での摩擦を生じることもある。

233
観光業における日韓協力の新たな可能性についての検討

2. 日韓の少子・高齢化と観光

　日本と韓国は、少子化と高齢化が進行している代表的な国である。これらの社会的変化は、観光業にも多大な影響を及ぼしており、少子化による若年層の人口減少と、高齢化による高齢者比率の増加は、観光需要の構造に変化をもたらし、観光業界に新たな課題と機会を提起している。

　日本の少子化は、若年層の減少を意味し、特に家族連れの旅行市場に影響を与えていることである。一方、高齢化社会の進展により、シニア層向けの観光市場が拡大しており、健康やウェルネス、歴史や文化を重視した旅行プランが人気を集めている。また、高齢者向けのバリアフリー対応やゆったりとしたスケジュールの旅行商品が増加していることも見られる。

　韓国では、少子化が進む中で、若年層をターゲットにした観光コンテンツの強化が進んでおり、K-POPや韓国ドラマの人気にちなんだ観光スポットや、SNS映えするフォトジェニックな場所への若者の関心が高まっている。例として、ソウルの弘大（ホンデ）エリアや、釜山の甘川文化村などが若者に人気のスポットである。

　一方、高齢者を対象としたレジャー活動や観光プログラムも充実しており、健康志向が高まる中で、ウォーキングやハイキング、健康をテーマにした温泉地の開発など、高齢者が安心して参加できるアクティビティが注目を集めている。済州島のオルレギルや、温泉地として知られる江原道の横城シルクロードなどがその例である。

　日韓における少子高齢化は、供給者側においても深刻な問題を引き起こしている。馬渕(2018)は、地域社会の高齢化と人口減少により、特に地方の観光業界では働き手が不足し、観光サービスの質の低下や運営の困難が生じている。多くの観光地が依存している地元の若者が都市部へと流出しているため、地方の観光施設やホテル、レストランではスタッフ不足が顕著である。さらに、新しい観光コンテンツの開発やサービス向上のための革新的なアイディアを生み出す力も衰えが見られる。これ

により、地域全体の観光産業の競争力が低下し、経済的な活力の減退を招いている。高齢化が進む中で、観光業界における持続可能な成長戦略の構築が急務である[xii]。また、木下（2016）は、そもそも人口問題は現代の特有な問題であり、過去の歴史から見れば増えても減っても問題になるとし、少子高齢化の問題は経済・産業政策をもって新たな財を稼ぐ方法を検討し、乗り越えるべきだと指摘している[xiii]。

第6節　おわりに

　観光業における日韓協力の新たな可能性を考える際、これまでの検討を踏まえると多くの課題が浮かび上がる。しかし、これらの課題に対処するための協力体制を構築することで、持続可能で相互に利益をもたらす観光業の発展が期待できる。日韓両国の観光業における共通の課題に対応し、将来の日韓観光交流を発展させるためには、以下の四つの側面からのアプローチが重要である。

　具体的な実践方法については、次の課題として取り上げ、ここでは、日韓の観光業における共通の課題に対応する主要な方向性について述べる。

　まず、観光交流の促進と文化的誤解の解消には、相互文化教育プログラムの強化が必要である。具体的には、言語、社会慣習、食文化の違いへの理解を深めるために、学校や公共機関が個別に行っている活動を統合し、拡張することで効果を高めることができる。さらに、日韓両国の学生交換プログラムや文化交流イベントを増やし、早い段階からの相互理解を促進させることが求められる。　次に、多言語対応の観光資源の共同開発の推進が重要である。観光案内資料やサイン、ウェブサイトを多言語対応にし、特に日本語と韓国語の相互翻訳を強化することが必要である。リアルタイム翻訳アプリケーションやAIチャットボットの共同開発により、観光客の体験向上を目指すことが重要である。

　第二に、経済的な問題の克服と持続可能な観光の推進のためには、通

貨変動リスクへの共同対応が必要である。通貨変動の影響を緩和するために、観光業に特化した金融商品や保険プログラムを共同で開発することが求められる。これにより、観光業者は為替レートの変動リスクを管理しやすくなり、安定したサービスの提供が可能となる。地域偏重問題に対しては、未開発地域の観光資源や地方都市・地域の特色を生かした観光プログラムを共同で開発することで、地方経済の活性化につながる。

　第三に、社会的変化においては、少子化と高齢化の進展に伴う観光市場の変化に対応する必要がある。シニア層や若年層をターゲットにした観光プロダクトの共同開発やマーケティング戦略の策定が求められることが重要である。また、バリアフリー対応の拡充や健康・ウェルネス観光の推進にも注力しなければならない。現在、両行政府主導で推進中の対策が功を奏しているとしても、この先数十年間は、高齢者が多い人口構造から回避することはできないからである。

　第四に、両国が持つコンテンツの強みを一つのデスティネーションとして統合し、共同で発信することが重要である。観光コンテンツの開発に際しては、両国の文化的および自然的資源を活用した取り組みにより、日韓観光交流の新たな機会を創出することが可能である。技術の利用、具体的にはVRやARを使用したバーチャル観光の提供など、新しい形の観光を共同で探求する一方、K-POPやアニメなど、両国の若者に人気のある文化コンテンツを利用した観光プロモーションを共同で行うことが求められる。SNSを活用したマーケティング戦略は不可欠である。

脚注

i 国土交通省 観光庁『旅行・観光産業の経済効果に関する調査研究』2023 年 3 月 .pp7-8. また、世界旅行ツーリズム協議会（WTTC）は最近、2023 年の経済影響調査（EIR）を発表した。この調査によれば、日本の旅行観光分野の GDP への貢献は 2885 億ドル（約 41.3 兆円）に達すると予測されている。これは、コロナ禍前の 2019 年の 3065 億ドル（約 43.8 兆円）に比べて 6.8% の減少である。

ii 国全体の統計は長期的に集計されており、一方で通常の統計はイベントやテーマごとに試算されている。

iii 文化体育観光部の報道資料（2022 年 12 月 29 日）

iv 韓国では、韓国観光研究院（1999 年）、イ・チュンギ（1999 年）、キム・ドンハン（2019 年）、クオン・ジェイル、キム・ハンジュ（2019 年）、コ・ミンファン（2020 年）の研究が行われており、観光による経済波及効果の有効性について言及されている。また、日本では柴田（2015 年）、後藤（2018 年）、藤田（2019 年）、平井（2020 年）、古屋、安本、近藤（2022 年）の研究が同様のテーマを扱っている。

v 令和 2 年 2 月 19 日の日本政府観光局の報道発表資料にも「韓国は、前年同月比 59.4% 減の 316,800 人であった。昨年は 2 月であった旧正月休暇が今年は 1 月になり訪日需要増の時期が前倒しとなったものの、最近の日韓情勢もあり減便や運休による航空座席供給量の減少や訪日旅行を控える動きが発生していること－後略－」と書いている。

vi TRAVEL JOUNAL 2016 年 12 月 12 日号 pp24-26.

vii 観光庁ウェブサイト：2019 年訪日外客数統計資料 . https://www.jnto. go.jp/statistics/data/since2003_visitor_arrivals_March_2024.pdf

viii 株式会社 YORO JAPAN https://jopus.net/news/yolo-japan-report-2018

ix 金熙珍（2017）『組織化学「言語戦略と知識移転：日本企業を対象とした実証研究の方向性」』V ol.50 No. 4 : 13-20.

x 株式会社 SKY Concierge（大阪市所在）の代表李承美氏である。

xi 株式会社プラザオーサカ（大阪市淀川区所在）の執行役員辻克己氏である。

xii 馬渕敏之（2018）『ローカルコンテンツと地域再生』水曜社 . pp25-34.

xiii 木下斉（2016）『地方創生大全』東洋経済新聞社 .pp159-165.

参考文献

阿部大輔編（2020）『ポストオーバーツーリズム』学芸出版社.

木谷直俊（2013）『観光ビジネスの基礎』株式会社創生社.

SangJun Kim（2019）『AJIC「The distribution structure of tour products in the inbound travel industry」』Vol.11　No.1

小林弘二・廣岡裕一編（2021）『改訂版 変化する旅行ビジネス』文理閣.KO

坂本剛（2015）『訪日外国人集客・販売ガイド』中央経済社.SA

斎藤修編（2008）『地域ブランドの戦略と管理』農産漁村文化協会.SA

高橋一夫（2017）『DMO 観光地経営のイノベーション』学芸出版社.TA

中村義明（2014）『インバウンド戦略』時事通信社.NA

額賀信（2008）『地域観光戦略』日韓工業新聞社.NU

馮力・孫根 志華（2019）『国際観光コミュニティの形成』学文社.FE

村山慶輔（2023）『小さな会社のインバウンド売上倍増計画』日本経済新聞出版.MU

韓国観光公社ウェブサイト
　　　https://knto.or.kr/index

観光庁ウェブサイト
　　　https://www.mlit.go.jp/kankocho/

国立社会保障・人口問題研究所ウェブサイト
　　　https://www.ipss.go.jp/

日本の複合リゾート開業に伴う韓国観光産業の課題と対応戦略

関西外国語大学
Kate Inyoung Yoo

要旨

　この研究は、日本の複合リゾート開業が韓国の観光産業に及ぼす影響を分析し、これに対応するための戦略を提案することを目的としています。まず、この変化が韓国の観光産業にもたらす影響について探究し、これを踏まえて韓国の長期的な観光産業発展に必要な戦略的要素を提案しました。主要な戦略には、観光および MICE インフラの強化、韓国型カジノ産業の開発、韓流と MICE の組み合わせによる新しい観光コンテンツの開発、および観光人材の育成が含まれています。さらに、この論文では、日本の複合リゾート開業がもたらすポジティブな効果を、顧客層の拡大、カジノ産業の成長促進、そして韓日協力の拡大を通じて、韓国のカジノ産業の強化を図るための戦略を検討しました。

　キーワード：複合リゾート、観光産業、カジノ産業、観光地競争力、韓日協力

第 1 節　韓日の外国観光客需要の現状

　観光産業は多くの国がその重要性を深く認識している。その核心的な理由は、観光産業が雇用の機会を増大させ、内需経済を促進する核心サービス産業であるためである。UNWTO によると、観光産業は世界の GDP の 10% を占め、雇用の 10% を担当しており、これは観光産業が世界経済に与える影響の規模を示している（UNWTO、2019）。最近の 3 年間、

世界が新型コロナウイルスと観光制限による大きな景気後退を経験した際、この事実はさらに明確になった。しかし、観光産業がもたらすことができる大きな経済的利益にもかかわらず、韓国国内での観光産業に対する認識と政策が相対的に不足していたことが下記に示される「OECD加盟国外国観光客現況2017～2019」データを見るとわかる。

　この問題の深刻さは、過去10年間の韓国と日本の外国観光客数に対する比較的な検討を通じてさらに明確になる。下記に示される「訪韓/訪日外国人観光客数比較2012～2019」グラフを分析すると、2014年に韓国を訪れた外国人観光客数は約1420万人で日本を訪れた外国人観光客数である1340万人をわずかに上回ったが、2015年以降、日本が大きな差をつけて逆転したことが確認できる。コロナ前の2019年のデータを分析すると、日本を訪れた外国人観光客数は約3,200万人で、総観光収入は480億ドルで韓国に比べて約2倍程度多いことがわかる。先行研究によると、外国人観光客の約60％が韓国と日本を類似した観光目的地と認識しているとされている（Kim、2023）。

| 図表1 |

OECD加盟国外国人観光客現況2017～2019（単位：1,000人）

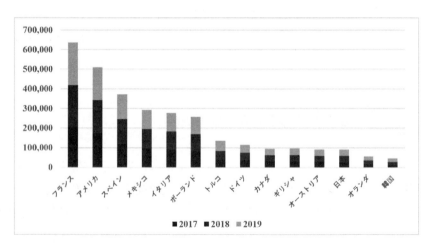

出典：(OECD, 2023)．

それだけに、これらの国々は観光地として競争相手であるが、日本が韓国を大きく凌駕してアジアで注目される観光地としての地位を確固たるものにしている可能性が非常に高まっている。特に、2025年に大阪で開催される国際博覧会と2029年に開業予定の複合リゾートの影響を考慮すると、韓国と日本の間の観光産業の格差はさらに明確になると予想される。

| 図表2 |

訪韓・日の外国人観光客数の比較（2012〜2019、単位：1千名）

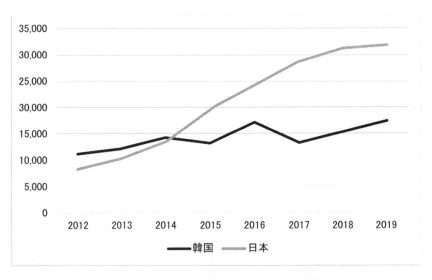

出典：*Tourism Trends and Policies 2022*（OECD, 2022）．

第2節　日本複合リゾート開業が韓国観光産業に及ぼす影響分析

　日本の複合リゾート開業が迫る中、韓国の観光産業、特にカジノ観光部門への影響は大きな変化を予示している。現在、韓国が運営している16の外国人専用カジノと1つの国内人専用カジノは国内経済にかなりの貢献をしており、この状況で日本のカジノ市場参入は韓国と日本間の観

光産業競争を一段と激化させることが予想される。特に中国からの観光客の流入パターンに大きな変化をもたらすと見込まれる。

韓国カジノ業協会（2018）が発表した報告によると、高高度ミサイル防衛システム（THAAD）の配置によって減少した中国の観光客の流入にもかかわらず、2019年に韓国のカジノ入場者数は610万人を超え、約2兆9,300億ウォンの売上高を記録した。"国籍別カジノ利用客（2016/2017）"の分析結果によれば、外国人専用カジノを利用した訪問客の約80％が中国、日本、台湾から来たことが明らかになり、このうち中国と台湾から来た観光客がカジノ売上の半分を占めることが分かった。これは韓国のカジノ産業がアジア地域の観光客を引き付ける上で中心的な役割を果たしていることを明確に示している。

| 図表3 |
国籍別カジノ利用者（2016年/2017年）

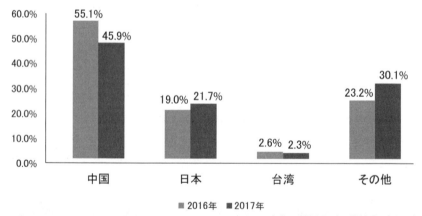

出典：韓国カジノ業協会（2018）

さらに、中国および台湾からの観光客が韓国で過ごす滞在期間はカジノ観光の重要性を認識する上で重要な要素である。中国および台湾の観光客は通常、日本を訪れるよりも韓国でより長い期間滞在し、こ

れは彼らの観光支出と直接的な関連性を持つ。韓国観光データラボ (2023) の最新調査結果によると、中国の観光客の韓国内平均滞在期間は 7.7 日、台湾の観光客は 5.5 日であり、これは日本訪問時よりもそれぞれ約 2 日長いことが確認された。これは韓国で提供されるカジノ観光が中国および台湾の観光客を韓国により長く滞在させる決定的な要因と解釈される。そのため、日本に初めて複合リゾートが開業する場合、韓国観光産業に予想される変化について、以下に四つ列挙してみる。

1. 韓国のカジノの競争力が低下する見通し

まず、第一に、日本内にカジノを含む複合リゾートの設立は、韓国と日本の間のカジノ産業に関する競争を引き起こすと予想される。これは、韓国内でカジノ観光客の流出を抑制するのにかなりの難しさをもたらすであろうと見られる。日本の複合リゾートの開業が予定されている状況下で、韓国カジノ業協会 (2018) の予測によると、韓国のカジノ訪問者のうち約 770 万人が日本に流出し、これにより生じるカジノ産業の売上損失は約 2 兆 7,600 億ウォンになると推定される。また、カジノ訪問者の流出により、年間観光産業が経験する損失額は約 1,430 億ウォンに達すると予想される。日本の複合リゾートの開業はまた、韓国の観光競争力に否定的な影響を与えると予測される。

2. 観光価格競争力の低下

まず、日本国内で複合リゾートの開業が予定されることにより、客室供給の大幅な増加は、韓国と日本の観光産業において価格競争力の面で韓国が不利な立場に置かれることが予想される。MGM の発表によると、大阪に設立される複合リゾートは、総 2,500 の客室のほか、10 万平方メートルのコンベンションセンター、3 万 5,000 席の多目的公演場、および 76 のレストランを含むさまざまなショッピングや文化・レジャー施設を提供する予定である。これに加えて、2025 年の万国博覧会に先立ち、

大阪地域では 20 を超えるホテルが新たに開店準備をしている。アメリカのラスベガスの事例では、カジノを利用する顧客の追加消費を促進する戦略として、スタンダードルームの平均宿泊料金を比較的安価に設定する傾向がある。これらの価格戦略は、カジノ利用客の経済的負担を軽減し、同時にリゾート内での追加消費を促進する役割を果たす。先行研究は、旅行先の価格競争力が外国からの観光客の流入に重要な影響を与えることを強調している（Lee et al., 1996）。したがって、日本の複合リゾートの客室供給増加は、韓国の観光産業に対する価格競争力の相対的な低下をもたらすと予想される。

3. 観光人材の流出

　また、日本内の複合リゾートの開業が迫る中、観光やカジノ産業を含む様々な分野で大規模な人材需要が予想されている。MGM の日本支社では、新たに開業する複合リゾートで約 16,000 人の新規従業員採用が必要と予測されており、日本国内の人材だけでこの需要を満たすのは困難であると見られる。これに対応して、日本政府は観光宿泊業や外食業などで活躍する外国人専門人材の流入を促進するため、様々な政策を実施しており、長期雇用を前提としたビザ発行方針を含んでいる。

　この状況は、韓国からの観光専門人材、特にカジノ関連の専門人材（ディーラーやマーケターなど）が日本への流出、つまり「ブレインドレイン」現象を引き起こす可能性がある。日本では既に観光産業を含む様々な産業分野で外国人労働力の流入が増加しており、現在 182 万人に及ぶ外国人労働力が日本で活動していると報告されている(Satoh, 2023)。日本の持続的な人口減少問題と政府の新たな政策方針を考慮すると、外国人技術人材の流入は今後も継続されると予想される。

　韓国と日本の文化的、外見的、言語的な違いが比較的少ない点は、韓国の観光専門人材が日本内で好まれる可能性を高める。特に、韓国の観光やサービス専門人材教育機関が日本に比べて比較的発展していること

244
経済・経営・社会

を考慮すると、実力と経験豊富な韓国人材が日本の観光産業、特に新たに開業する複合リゾートで重要な役割を果たすと期待される。これは韓国と日本の人的交流と協力に新たな機会を提供できる一方で、一部では韓国内の観光産業の人材基盤を弱体化させるリスク要因となり得る。

▎4. 韓国人のカジノ利用の増加

最後に、日本の複合リゾートの開業により、韓国人のカジノ利用が増加することが予想される。韓国のガンウォンランドの顧客を対象としたアンケート調査によると、47.9％の人が日本に複合リゾートが開業すれば、その場所のカジノを訪れたいと回答したことが確認されている（韓国カジノ業協会、2018年）。日本の複合リゾートの開業により、韓国のカジノ顧客の約670,000人が離れると予想される。さらに、日本の複合リゾートの開業と同時に、カジノに対する社会的認識の変化とともに、韓国人のカジノ利用の増加が予想される。トレンドに敏感な韓国の消費者の特性を考慮すると、日本の複合リゾートの開業は新しい流行を生み出す要因となり得る。また、韓国人を対象とした先行研究によると、複合リゾートを1回以上訪れた経験のある観光客は、カジノリゾートを家族単位での体験を楽しむ場所と認識していることが確認された(Choi, 2019)。これらの研究結果に基づき、日本の複合リゾートのカジノ施設への否定的な認識よりも、多くの韓国人がレジャー体験の一環としてカジノ施設にアクセスし、カジノに露出することが懸念される。これは国富の流出だけでなく、韓国人観光客のギャンブル中毒のリスクも潜在している。

このような状況下で、韓国の観光産業は積極的かつ戦略的な対応が必要である。したがって、筆者は観光産業の成長可能性とその重要性の認識、そして国家レベルでの戦略の立案と支援の必要性を強調したい。次に、DwyerとKim（2003年）の「観光地競争力モデル」と観光客の行動に関するさまざまな研究結果に基づき、韓国の観光競争力を向上させるた

めに必要な課題を提起し、現在直面している状況でどのような活用策が必要かを検討していく。

第3節　主要な課題と対応策

　DwyerとKim（2003）によれば、コア（核）観光資源が観光地の競争力において最も重要な要素として機能し、観光客の訪問動機にも大きな影響を与えると強調される。つまり、自然的観光資源、文化的観光資源、そして観光レクリエーション資源（Created Resources）（例：複合リゾート）が観光地の競争力を形成する重要な要素である。韓国は独自の文化、自然景観、歴史遺産など多様な観光資源を保有しているが、まだ観光産業の認識と発展のための戦略的な取り組みが不足している。したがって、韓国は観光産業の競争力を強化し、グローバル市場でより大きなシェアを確保するために積極的な努力を払う必要がある。そのため、以下に5つの課題と対応策を提案する。

|図表4|
観光地競争力の主な要素

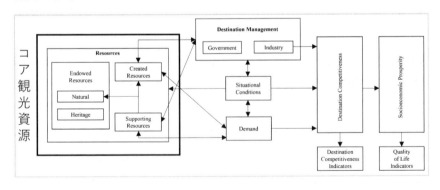

出典：Destination competitiveness: A Model and Determinants(Dwyer&Kim, 2003)

1. 観光産業全般の競争力強化

まず、韓国の観光競争力をさらに発展させるための長期的な観光政策と、グローバルな競争力を持つ核心的な観光資源の開発が切実に求められている。これまでの観光政策は、新政府になるたびに変わる一回性の政策であり、観光産業支援金は総財政支出の0.2%程度で非常に微々たるものであった。観光産業が代表的な雇用創出型産業であり、高付加価値型産業であることを考慮すれば、その重要性は絶対に見過ごしてはならず、政府の積極的な支援を通じて観光競争力を強化すべきである。まず、日本の複合リゾートの開場に対する対応策として、次の6つの核心要素の考慮が切実に必要である（Song and Lee, 2022）。

- 観光・MICEインフラ強化
- MICEとエンターテイメントプログラム開発
- 多様な顧客層獲得のためのプログラム企画
- デジタル能力及び自動化システム強化
- 地方観光商品の多様化
- カジノ産業の改善及び育成

また、観光地の競争力強化に必要な核心観光資源の開発（カジノ産業強化及びMICEと韓流文化コンテンツの連携）、観光客の再訪問促進の必要性、そして観光人材開発の重要性についても取り扱う。全6つの観光競争力指標の中で、核心観光資源（Inherited and Created resources）は観光地訪問の動機を提供するため、核心観光資源の発展が非常に急務である（Dwyer and Kim, 2003）。

2. 韓国カジノ産業の差別化と競争力強化

韓国は、日本の複合カジノと競争するために、韓国型コンテンツを提供する複合リゾートの開発を課題とすべきである。カジノ産業を単純な

賭博場所ではなく、観光商品として認識し、支援および発展させることが必要である。韓国カジノ業協会 (2018) によれば、日本の複合リゾートが開場した際に、外来訪問客の 35.4％、国内人の 47.9％が日本のカジノ訪問の意向があることを明らかにした。国内外の観光客の流出に備え、韓国のカジノ産業の競争力を高めるためには、カジノ規制の緩和と制度改善が優先的に必要である。韓国カジノ業協会 (2018) が提案した日本の複合リゾートへの対応策は次の通りである：

・韓国型複合リゾートの開発：日本の複合リゾートの開場により、カジノ産業の競争が激化する中、韓国国内でも特色ある複合リゾートの開発を推進すべきである。韓流コンテンツ、K-POP 公演、伝統文化体験などを組み合わせた独自のコンテンツ提供により、観光客に新たな体験を提供し、カジノを含む複合リゾートを通じて観光客の支出を誘導する。

・カジノ産業の規制緩和および施設の多様性強化：韓国のカジノ産業がグローバルな競争力を持つためには、規制緩和とともに、多様な種類のゲームおよびエンターテイメントオプションを提供すべきである。また、カジノ利用客の社会的認識改善のための努力も必要である。

3. MICE と韓流文化コンテンツの連携

| 図表 5 |

韓流による総輸出額（単位；100 万ドル）

	2016	2017	2018	2019	2019 年増加率
文化コンテンツ	3,119	4,724	5,356	6,384	19.2%
消費財と観光	4,441	5,073	4,707	5,935	26.1%
会計	7,560	9,796	10,063	12,319	22.4%

出典：2021 Study on Ripple Effects of Hallyu（KOFICE, 2021）

　最近の記事によれば、2023 年 4 月に発生した米国シカゴの銃撃事件

にもかかわらず、歌手 Taylor Swift のコンサートにより、シカゴの観光産業は迅速に回復したという (Habtemariam, 2023)。これから見てわかるように、エンターテイメントコンテンツは観光地イメージの改善効果により、観光産業の発展に重要な要素となり得る。過去数年間、韓流文化関連コンテンツは韓国の国家ブランド価値を高め、観光産業にも肯定的な経済的波及効果をもたらしている。2018 年だけでも、韓流コンテンツは 8 兆 7,770 億ウォンの付加価値を創出し、観光産業には 1 兆 2,565 億ウォンの価値を生み出した (KOFICE, 2021)。カジノ観光とともに、MICE 観光は高付加価値を創出する重要な観光セグメントである。韓流文化コンテンツを組み込んだ MICE 観光商品は、世界の MICE 市場で競争力のある商品となり得る。先行研究の結果が証明するように、外来観光客の韓流コンテンツ体験は、韓国の MICE 観光訪問意向に肯定的な影響を与えることが示されている (Kim and Nam, 2015)。韓流コンテンツは、MICE および高支出観光客の訪問を誘導する重要な観光商品となり得る。現在、韓国の高陽市にある MICE 複合地区 (韓流ワールドと KINTEX) が重要な起点となることが期待されている。

4. 韓国型観光コンテンツの開発

外来観光客の間で、日本に対する再訪問の好意度は、韓国の 38.6%に対して、かなり高い 61.6%であった (韓国観光データラボ、2023)。観光客の再訪問を誘導する決定的な要因が旅行地の満足度であることを考慮すれば、訪韓観光客の満足度は、日本に比べて比較的不足していると推測できる (Chi, 2012; Kim, 2017)。持続可能な観光産業の発展のためには、観光客の再訪問の誘導が何よりも重要である。中国人観光客を対象とした研究結果によれば、中国人の再訪問を誘導するためには、韓国の独自の観光コンテンツとより良いサービスの提供が優先されるべきであるとされている (Wang and Choi, 2019)。例えば、韓流を通じた文化観光 (Hallyu Tourism)、南北戦争遺産を通じた歴史観光 (Dark Tourism)、仏教寺院と連携した宗教観光 (Religious tourism)、そして

韓国の発展した医療施設を通じたウェルネス観光（Health & Wellness tourism）などの観光コンテンツが、韓国独自の特性を生かした観光商品となり得る。

5. 観光人材の育成

　最後に、他の産業と比較して、観光産業における労働の質的向上は生産性向上に多大な影響を与える。グローバル市場で競争力のある観光地となるためには、観光産業全体にわたる融合型観光人材の開発と普及が急務である。外国語に堪能であり、観光、ホテル、カジノおよび MICE 産業に関する専門知識を持つ人材の育成に投資し、これらの人々に能力を発揮する機会を提供すべきである。また、観光産業の特性である高い離職率を減らすためには、労働環境の改善、継続的な能力開発の機会、昇進の保証などの努力が必要である（Frye et al., 2020）。

第4節　利用策

　複合リゾートの開場による日本の観光地競争力の向上は、韓国に対して否定的な影響と同時に肯定的な影響をもたらすと予想される。このような肯定的な影響をどのように利用して否定的な影響を最小化し、韓国の観光産業強化を図ることができるかについて、全体で4つの案を検討してみる。

1. カジノ産業の機会の活用と発展推進

　東北アジア全体でのカジノ需要の増加は、韓国のカジノ産業にも肯定的な機会を提供すると予想される。これは韓国のカジノ産業にとっても大きな機会となるだろう。この機会を利用して、より多様化したカジノ訪問客の要求を満たすために、韓国のカジノ企業は持続的な発展と変革を追求しなければならない（韓国カジノ業協会、2018）。

2. グローバル観光商品開発による競争力強化

日本の観光競争力の強化は、韓国でもカジノを観光資源として認識するための重要な触媒となるだろう。大阪は複合リゾートを通じて、年間外国人観光客600万人を含む約2000万人の訪問者を引き付け、年間1兆ウォン程度の税収を創出する計画を立てている。これを通じて、韓国も長期的な観光政策の必要性を考慮し、グローバル市場を目指した観光商品開発にさらに力を入れるべきである。

3. 韓国型複合リゾートの開発とカジノ産業の改善

日本のカジノ利用客が韓国にも流入すると予想される。日本では国民に対するカジノの出入り制限（週3回、月10回）およびVIPカジノ顧客の身元公開に対する懸念が、日本人の韓国カジノ訪問を促進すると予想される。これに対応して、韓国型複合リゾートの開発が優先されるべきであり、韓国のカジノ産業の弱点であったカジノ施設の多様性と複合的な楽しみの欠如などの改善に努力をしなければならない（Lee et al., 2019）。

4. 韓日観光産業協力と東アジア観光ネットワークの構築

最後に、韓国と日本の間の競争ではなく、観光産業の協力を強化し、東アジア地域の観光産業の発展に貢献すべきである。両国間の情報共有、問題解決のための協力、そして共同観光商品開発などを通じて、シナジーを創出することができるだろう。Song and Lee（2022）の研究によれば、複合リゾートに関連して、韓国と日本が情報共有と問題解決のための協力を強化し、両国間の相互理解を促進するためのMOUなどの交流策を模索することで、経済的活性化を達成する可能性が大きいと強調している。このような協力を通じて、韓国と日本はカジノ観光のグローバル競争力を強化し、特に東南アジア地域で急速に成長しているカジノ観光市場での立場を確固たるものにすることができるだろう。

東南アジアの国々、特にフィリピン、マレーシア、ベトナム、カンボジアは、中国のカジノ産業に対する反腐敗政策により生じた市場の空白を埋めるために、外国人（中国人）観光客の誘致を目指したカジノ開発に積極的に取り組んでいる。さらに、タイが最近カジノの合法化を進めており、シンガポールとマカオはMICE産業の強化のために複合リゾート施設の拡大計画を発表するなど、カジノ観光市場はますます競争的な環境に変わっている。このような国際的な競争状況の中で、韓国の観光政策はこの変化を迅速に認識し、適切に対応することが必要である。韓日両国間の協力だけでなく、アジア地域内の他の国々との協力関係を構築し、韓国のカジノ産業と観光産業がグローバル市場で競争力を維持し、成長することを支援する政策が重要である。これは単に経済的利益を超えて、韓国の国際的イメージと観光産業の持続可能な発展のための核心的な戦略となるだろう。

参考文献

Chi, C. G. (2010). An examination of destination loyalty. *Journal of Hospitality & Tourism Research*, 36(1), 3–24. https://doi.org/10.1177/1096348010382235

Choi, W. (2019). A study on awareness of integrated resort using big data analytics of social media. *Tourism Research*, 44(4), 355–371. https://doi.org/10.32780/ktidoi.2019.44.4.355

Dwyer, L., & Kim, C. (2003). Destination competitiveness: A model and determinants. *Current Issues in Tourism*, 6(5), 369–414. https://doi.org/10.1080/13683500308667962

Frye, W. D., Kang, S., Huh, C., & Lee, M. J. (2020). What factors influence Generation Y's employee retention in the hospitality industry?: An internal marketing approach. *International Journal of Hospitality Management*, 85, 102352. https://doi.org/10.1016/j.ijhm.2019.102352

Habtemariam, D. (2023, June 16). Chicago's Taylor Swift concert was a tourism boost. City hopes there's more to come. *Skift*. https://skift.com/2023/06/16/chicagos-taylor-swift-concert-was-a-tourism-boost-city-hopes-theres-more-to-come/

Kim, J. (2017). The determinants of foreign tourists' revisit intention to Korea. *Journal of Tourism Sciences*, 41(5), 141–154. https://doi.org/10.17086/jts.2017.41.5.141.154

Kim, J. (2023, February 14). 외국인 밀려든다⋯카지노 株 껑충 [Foreigners are flooding in⋯ Casino stocks are soaring]. *매일경제*. https://stock.mk.co.kr/news/view/38414

Kim, Y. (2023, March 16). 한국 관광산업은 '어쩌다' 일본에 뒤처졌을까? [How did the Korean tourism industry fall behind Japan?]. 한국경제 TV. https://www.wowtv.co.kr/NewsCenter/News/Read?articleId=A202303160178

Kim, S., & Nam, C. (2016). Hallyu revisited: Challenges and opportunities for the South Korean tourism. *Asia Pacific Journal of Tourism Research*, 21(5), 524–540. https://doi.org/10.1080/10941665.2015.1068189

KOFICE. (2021). 2021 study on ripple effects of Hallyu. https://kofice.or.kr/b20industry/b20_industry_00_view.asp?seq=1251&tblID=gongji&clsID=0

한국 카지노업 협회. (2018). 일본 복합리조트 카지노 도입에 따른 국내 카지노산업 및 관광산업에 미치는 영향 분석 [Analysis of the impact of the introduction of integrated resort casinos in Japan on the domestic casino industry and tourism industry]. http://www.koreacasino.or.kr/e-book/ecatalog5.jsp?Dir=112

Lee, C., Var, T., & Blaine, T. W. (1996). Determinants of inbound tourist expenditures. *Annals of Tourism Research*, 23(3), 527–542. https://doi.org/10.1016/0160-7383(95)00073-9

Lee, C., An, S., & Yang, H. (2019). Analysis of strategic factors and priority for opening of the Japanese integrated resort: Applying AHP. *Journal of Tourism and Leisure Research*, 31(5), 351–368. https://doi.org/10.170861JTS.2015.39.1.69

OECD. (2022). OECD tourism trends and policies 2022. *OECD Publishing*. https://www.oecd-ilibrary.org/urban-rural-and-regional-development/oecd-tourism-trends-and-policies-2020_6b47b985-en

Satoh, R. (2023, June 13). Aging Japan wants foreign workers, but will they come?: Stagnant wages and old culture loom over Kishida's restructured policies. *Nikkei Asia.* https://asia.nikkei.com/Spotlight/Asia-Insight/Aging-Japan-wants-foreign-workers-but-will-they-come

Song, E. M., & Lee, C. K. (2022). 일본 카지노의 합법화와 지역경제 활성화 : 한국 강원랜드 카지노와의 대비를 통하여 [Legalization of Japanese casinos and regional economic revitalization: A comparison with Korea's Kangwon Land Casino]. 인문과학연구논총, 43(3), 43–71. https://doi.org/10.22947/ihmju.2022.43.3.002

United Nations World Tourism Organization. (2019). International tourism highlights 2019. https://www.e-unwto.org/doi/pdf/10.18111/9789284421152

Wang, Y., & Choi, K.-H. (2019). The effect of Chinese tourists' lifestyle on destination attraction attributes, satisfaction, and revisit intention. *Journal of MICE & Tourism Research*, 19(2), 129–144. https://doi.org/10.35176/jmtr.19.2.8

한국관광데이터랩. (2023). 글로벌 방한관광객 [Global visiting tourists to Korea]. https://datalab.visitkorea.or.kr/datalab/portal/nat/getForTourForm.do

編集後記

　今回のプロジェクトは、「戦後最悪」とまで言われるようになった日韓関係をどうしたら少しでも改善の方向に向かせることができるかという問題意識から出発しています。特に、ハイレベルな政治や経済の関係者だけでなく、日本の一般社会、市民レベルでも考え、日韓関係の改善を支える層を少しでもより重層的で分厚いものにしたいという日韓の専門家の先生方の熱意により実現したものです。そのために、これまでに2回の公開シンポジウムを実施しただけでなく、専門家の先生方を中心として積み重ねてきた研究会の成果をまとめたものが本書です。

　今回のプロジェクトを通じて感じたことは、参加くださった専門家の先生方の多くが、最近の日韓関係が、それまでの日韓関係とは全く異なる新しい段階に至り、期待と希望に満ちた前向きな展望を示しているということです。そして、そのような積極的な推進力を生みだしたのが尹錫悦大統領であり、岸田文雄首相がそのような前向きな呼びかけに積極的に応えた結果であると言ってよいと思います。こうした全体として明るい雰囲気の中でこのようなプロジェクトを企画、運営、実施できたことは研究者としては大きな喜びでした。

　同時に、参加くださった先生方が指摘されているように、こうした日韓関係の積極的な側面にもかかわらず、徴用工問題やその他多くの歴史の問題、地域安全保障に関わる利害の相違など多くの課題が山積しているのもまた事実です。

　つまり、私たちが今後、検討すべきことは、日韓関係の前向きな方向性を維持しつつ、そして、仮に維持することが難しい時が再び到来したとしても、如何にしてこうした課題に向き合い続け、一つ一つ丁寧にかつ真摯に対応していくかです。その時に、本書に提示されている専門家の先生方それぞれの知見や独創的な提案が、未来の日韓関係のあり方への灯になると確信します。読者の方には、少しでも本書がお役に立つことを心よりお祈りします。

アジア太平洋における新たな韓日関係の未来図
-政治と経済・経営・社会の観点から-

初版発行　2024年 12月 31日

編　　著　金 泰旭・西田竜也

著　　者　浅羽祐樹・小倉紀蔵・金 相俊・栗原 潤・後藤純一・溜 和敏・張 富丞・
　　　　　鍋嶋 郁・箱田哲也・若林直樹・Kate Inyoung Yoo

発 行 人　中嶋啓太

発 行 所　博英社
　　　　　〒 370-0006 群馬県 高崎市 問屋町 4-5-9 SKYMAX-WEST
　　　　　TEL 027-381-8453 / FAX 027-381-8457
　　　　　E・MAIL hakueisha@hakueishabook.com
　　　　　HOMEPAGE www.hakueishabook.com

ISBN　　　978-4-910132-87-7

ⓒ 金 泰旭・西田竜也・浅羽祐樹・小倉紀蔵・金 相俊・栗原 潤・後藤純一・溜 和敏・張 富丞・
鍋嶋郁・箱田哲也・若林直樹・Kate Inyoung Yoo, 2024, Printed in Korea by Hakuei Publishing Company.

＊乱丁・落丁本は、送料小社負担にてお取替えいたします。
＊本書の全部または一部を無断で複写複製（コピー）することは、著作権法上での例外を除
き、禁じられています。